나는 왜 도와달라는 말을 못할까

부담은 줄이고 성과는
높이는 부탁의 기술

웨인 베이커 지음
박설영 옮김

어크로스

차례

ALL YOU HAVE TO DO IS
ASK

1부

작은 부탁이 만드는 기적

1장
부탁하지 않으면
누구도 당신을 도울 수 없다

제시카는 어찌 할 바를 모르고 쩔쩔매고 있었다. 천성이 너그러워 평소에 하던 대로 일에 지친 동료를 자진해서 도운 게 화근이었다. 함께 일하게 된 신입 직원이 CRM(고객관계관리) 시스템을 익히지 못해 업무에 뒤처지고 있었다. 안쓰러운 마음에 시스템을 잘 아는 자신이 데이터 입력 업무를 대신해주겠다고 나선 것이었다. 하지만 작은 호의를 베풀려고 시작한 일은 곧 제시카에게 엄청난 두통을 안겨주고 말았다.[1]

"처음 도와주겠다고 했을 때만 해도 추가 업무가 숨 막힐 정도로 많지는 않았어요. 하지만 곧 얼마나 시간을 잡아먹는 일인지 깨닫게 되었죠." 기존 업무는 업무대로 제때 처리해야 하는 데다 추가 업무까지 더해지는 바람에 제시카는 일찍 출근해서 늦게까지 일해야 했다. 급기야는 점심시간까지 반납하고 일에 매달려야 했다. 그러다 보니 다른 팀원들이 점심을 먹으러 나가거나 5시에 정시 퇴근을 하는 것만 봐도 짜증이 치밀었다. "사람들이 수다를 떨자고 내 방에 들르기만 해도 화가 났어요!" 그녀가 말했다. "동료와 15분 동안 잡담을 한다는 건 그날 밤 가족과 보낼 시간이 15분 줄어든다는 뜻이니까요."

제시카는 도움이 필요했다. 하지만 차마 입에서 도와달라는 말이 떨어지지 않았다. "팀원들도 바쁠 거라는 생각에 혼자 그 많은 일을 꾸역꾸역 해나갔죠. 손을 들고 도움을 요청하는 게 그렇게 중요한 건지 몰랐어요. 매니저와 동료들이 내가 얼마나 일이 많은지 먼저 눈치채고 짐을 덜어주겠다며 손을 내밀 거라고만 생각했거든요."

그런 기대는 곧 실망으로 바뀌었다. 결국 제시카는 이 상황을 벗어날 길은 하나뿐이라고 판단했다. 바로 '직장을 그만두는 것'이었다. 그리고 결국 때려치웠다. 지금 그녀는 그 상황을 되돌아보며 어떻게 생각할까? 제시카는 후회하고 있었다. 문제는 직장이나 상사가 아니라 도움이 필요한데도 요청하지 못한 자신이라는 걸 깨달은 것이다.

"다시는 그런 실수 안 할 거예요!"

제시카처럼 많은 사람들이 일에 치여 쩔쩔매면서도 도움을 부탁하기를 주저한다. 내가 청중에게 언제 도와달라고 청하느냐고 물어보면 대부분은 인내에 한계가 올 때쯤에야 도움을 청한다고 대답한다.[2] "혼자서는 도저히 해법이 안 보이고 완전히 절망적인 상태가 될 때에야 도움을 부탁하죠." 이게 그들의 답이다.

남의 일 같지 않은가? 당신 혼자만 그렇게 생각하는 게 아니다. 하지만 자신에게 어떤 도움이 필요한지 솔직히 표현하는 데는 수많은 이점이 있다. 우선 직장에서 더 효율적으로 일할 수 있다. 새로운 구직 기회가 생기기도 한다. 새로운 팀원을 찾는 중이라면 알맞은 인재를 얻을 수도 있다. 새로운 환경에 적응하는 데도 도움이 된다. 학습 능력을 고취시키고 창의성을 높일 수도 있다. 팀 실적을 올리고 업무 효율성을 향상시킬 수도 있다. 게다가 수많은 연구 결과가 생전 처음 보는 사람들조차 부탁을 받으면 우리가 짐작하는 것보다 훨씬 많은 도움을 준다는 사실을 말해주고 있다. 때로는 도와달라고 부탁하는 단순한 행동이 우리를 성공으로 인도하는 열쇠가 된다. 하지만 실제로는 많은 사람들이 부탁을 해야 한다는 생각만으로도 힘들어한다.

부탁하지 않으면 아무도 당신을 도와주지 않는다. 이 점을 깨닫는 것이 중요하다. 연구에 따르면 직장에서 도움을 받는 사례의 90퍼센트가 부탁에서 시작된다고 한다.[3] 설명하자면 간단하다. 내가 뭘 원하는지 모르면 아무도 나를 도울 수 없고, 내가 말하기 전까지는 아무도 내가 뭘 원하는지 모르기 때문이다. 도움이 필요해도 부탁하지 않을 때 돌아오는 대가는 엄청나다. 글로 벌 시장 조사 기관인 IDC는 《포춘》 500대 기업이 지식을 효과적으로 공유하지 못하는 직원으로 인해 연간 315억 달러의 손실을 보고 있다고 추정했다. 도움 요청을 회피하는 직원은 다른 사람의 실수를 반복하거나 혼자 전문 정보를 찾는 데 시간을 낭비함으로써 조직의 생산성을 떨어뜨리고 기회비용을 증가시킨다.[4] 일상생활(집, 직장, 그 밖의 모든 곳)에서 입는 피해 규모 역시 우리가 아는 것보다 훨씬 크다. 도움을 부탁하지 않는 행위는 우리의 능력을 제대로 발휘하지 못하게 제한할 뿐만 아니라, 자기억압적이고 심지어 자기파괴적인 결정 중 하나다. 타인으로부터의 도움과 지원을 배제하면서 문제를 해결하고 임무를 완수하는 데 필요한 자원을 얻을 수는 없다.

크리스티나의 운명을 바꾼 한 마디

크리스티나는 세 남매 중 막내다. 그녀가 태어났을 때 부모님은 세상 무엇과도 바꿀 수 없는 행복감에 빠져 있었다. 그러니 아이가 뭔가 이상하다는 걸, 정확히는 아이의 머리가 제대로 성장하지 않는다는 걸 알았을 때, 부모님이 얼마나 애가 끓었을지 상상할 수 있을 것이다.[5]

알고 보니 두개골이 너무 일찍 굳어버린 게 문제였다. 두개골은 5개의 뼈가 맞붙어 형성되는데, 신생아 때에는 이 뼈들이 완전히 붙지 않고 섬유 조직으로 된 관절로 연결돼 있다. 아기 머리를 만져보면 물렁한 부분이 느껴지는데, 그곳이 바로 숫구멍이라고 부르는 결합 조직이다. 이렇게 머리뼈가 유연하게 연결되어 있어야 아기의 뇌조직이 성장할 수 있다. 그런데 크리스티나는 두개골 봉합선이 너무 일찍 굳어버려 정상적인 발달이 불가능했다. 이런 희귀 증상을 '두개골 유합증'이라 부른다. 치료하지 않고 방치하면 머리 모양이 기형이 되고 얼굴이 일그러진다. 이 때문에 사회적으로 고립될 수 있으며, 발달 지연, 학습 장애, 실명, 발작, 심지어 사망에 이를 위험도 높다.

다행히 수술을 받으면 두개골 모양이 바로잡히고, 뇌도 정상적으로 발달할 수 있다. 하지만 크리스티나의 가족이 사는 루마니아에서는 이렇게 까다로운 수술을 할 수 있는 전문의를 찾기가 어려웠다. 아기의 미래를 어둠에서 구해내려면 그야말로 기적이 필요했다.

그때 마침 크리스티나의 고모 펠리시아가 프랑스의 명문 경영대학원 인시아드INSEAD에서 일하고 있었는데, 신입생 오리엔테이션 프로그램의 일환이던 '호혜의 고리Reciprocity Ring'에 자원한 참이었다. '호혜의 고리'는 집단 지식, 지혜, 거대한 네트워크 자원을 이용해 필요한 도움을 받는 조직 활동이다(2부에서 자세히 다룰 것이다). 인시아드에 입학하는 모든 경영학도들이 이 활동에 참여하고 있다.

펠리시아는 '호혜의 고리'에 두 차례 참여했다. 1회차는 개인적인 도움 요청, 2회차는 일에 관한 도움 요청을 하는 자리였다. 하지만 1회차에서 뭘 부탁해야 할지 막막하던 차였다. 잘 알지도 못하는 사람들에게 도움을 요청하는 일이 멋쩍고 두렵게 느껴졌다. 그러나 펠리시아는 용기를 내어 어린 조카의 운명을 바꿀 부탁을 하기로 했다. 바로 두개골 유합증을 수술할 수 있는 숙련된 전문의를 찾아달라는 것이었다.

그날 인시아드의 조직행동학 겸임교수인 토마스 헬위그Thomas Hellwig 박사 또한 호혜의 고리 운영법을 훈련받던 중이었다. 당시 헬위그 박사는 파리의 소아병원인 네커Necker에서 심리치료사 겸 소아과 의사로 근무하고 있었다. 그는 펠리시아의 진심 어린 요청을 듣고서 자신이 도와야 한다는 걸 알아차렸다. 그래서 그녀에게 도움을 주겠다고 응답했고, 네커와 마르셀 상바Marcel Sembat(네커 인근의 또 다른 소아병원)에서 일하던 외과 의사이자 두개골 유합증 수술 경험이 풍부한 전문의 에릭 아르나우드 박사Eric Arnaud 박사를 소개해주었다.

이메일과 전화를 한바탕 주고받은 끝에 크리스티나의 부모는 아이를 데리고 프랑스로 날아갔다. 그리고 크리스티나는 마르셀 상바에서 두개골을 바로잡는 수술을 받았다. 수술은 성공적이었고, 현재 크리스티나는 쌩쌩 날아다니고 있다. 내 책상 위에는 크리스티나의 사진이 놓여 있다. 도움을 부탁하는 행위가 얼마나 큰 힘을 발휘하는지 증명하고 상기시키기 위해서다.

나는 크리스티나와 같은 일화를 수천 개는 알고 있다. 전부 그만큼 극적이지는 않아도 쉽게 일어나기 힘든 일들이다. 그 모든 기적은 아주 단순한 행동에서 시작됐다. 스스로에게 부탁할 자유를 허락하라. 그러면 사람들이 마음의 빗장을 열게 되고 관대함의 기적이 일어날 것이다.

성공을 위한 가장 강력하고 단순한 도구

자동차 회사에 근무하는 한 수석 엔지니어가 복잡한 기술 문제를 해결하기 위해 몇 달째 씨름하고 있었다. 하지만 아무런 진척 없이 제자리걸음만 하고 있는 상태였다. 그러던 어느 날 그는 더 이상 지체 말고 도움을 청해야겠다고 결심했다. 그래서 사내 동료들에게 문제를 설명한 뒤 혹시 자문을 구할 만한 전문가를 아느냐고 물어보았다. 놀랍게도 가장 먼저 답을 준 사람은 수석 연구 과학자도, 다른 부서의 엔지니어도 아니었다. 도움의 손길을 내민 사람은 뜻밖에도 입사한 지 얼마 되지 않은 스물두 살의 사무 보조원이었다. 알고 보니 그녀의 아버지는 그 엔지니어가 머리를 싸매고 있던 문제에 정통한 세계적인 전문가였다. 게다가 그는 최근 은퇴를 한 후 집에서만 지내느라 아내로부터 바깥 활동도 좀 하라는 잔소리를 듣고 있던 참이었다. 그녀는 기쁜 마음으로 자신의 아버지를 소개해주었고, 엔지니어는 그토록 원하던 전문적 도움을 얻어 문제를 해결할 수 있었다.

이 사례는 중요한 사실을 알려준다. 부탁을 하기 전까지는 사람들이 무엇을, 또는 누구를 아는지 절대 알 수 없다는 것이다. 누구도 새로 들어온 젊은 사무 보조원이 문제 해결의 열쇠를 쥐고 있을 거라고는 짐작도 못했다. 도움이 필요할 때 그냥 부탁하라. 그러면 도움의 손길이 나타날 것이다. 때로는 전혀 예상치 못했던 곳에서 말이다.

직장에서는 부탁이 성공과 실패를 가를 수도 있다. 몇몇 개인에 국한된 소리가 아니다. 수많은 연구 결과가 부탁의 다양한 이점을 증명하고 있다.

업무 성과와 만족도가 향상된다. 간단히 말해, 일을 해내려면 타인의 도움이 필요하다. 그게 정보든 기술이든 전문성이든 노동력이든 아이디어나 프로젝트를 지원하는 것이든 마찬가지다. 필요한 도움을 얻어야 업무를 잘 완수할 수 있고, 그래야 더욱 행복하고 만족스러운 생활을 할 수 있다.[6]

성공적인 신입 생활을 할 수 있다. 신입으로 첫 출발을 할 때는 업무 환경을 탐색하고 자신의 업무가 무엇인지 파악하기 위해 부득이하게 도움이 필요하다. 뉴욕대 경영대학원 엘리자베스 모리슨Elizabeth Morrison의 연구에 따르면 신입 직원이 상사와 동료에게 많은 정보를 요청하고 받을 수록 만족감과 성과는 올라가고 퇴사 욕구는 줄어드는 것으로 나타났다. 신입의 경우 직무 요건을 분명히 알고 업무 환경을 이해하고 기술적 지원을 받기 위해 기꺼이 도움을 요청하고 얻을 때, 직장에 대한 불만도 적고 성과도 좋으며 오래 버틴다.[7]

새 직장이나 인재를 찾기 쉬워진다. 새 일자리를 찾고 있는가? 아니면 공석에 적임자를 앉히고 싶은가? 인맥을 이용해 추천과 소개를 부탁하면 성공할 확률이 훨씬 높아진다. 나도 이런 방법으로 첫 직장을 얻었다. 하루는 친구와 그의 지인들이 업라이트 피아노를 옮기는 걸 돕던 중이었다. 나는 내가 대학원을 마치고 워싱턴 D. C.에서 일자리를 찾고 있다고 넌지시 흘렸다. 그러면서 혹시 아는 연줄이 있느냐고 물어보았다. 그랬더니 친구의 지인이 워싱턴에서 컨설팅 회사를 운영하는 대학 시절 룸메이트를 소개해주는 게 아닌가. 그 연줄 덕분에 나는 그 회사에서 프로젝트 매니저로 일하게 되었다. 인터넷이 보급되기 전에는 일자리의 50퍼센트 이상이 이 같은 사회적·직업적 연줄을 통해 채워졌다. 이런 연줄은 구직 사이트와 같은 디지털 플랫폼이 점점 늘어나는 요즘에도 여전히 중요하다.[8] 인맥을 통한 소개가 디지털 검색 방식보다 훨씬 성과가 좋다. 즉 구직자가 실제 일자리를 구하고 이

후에도 직장에서 훨씬 오래 버티는 경우가 많다는 뜻이다.[9]

직업적으로 배우고 발전한다. 배움은 진공 상태에서 일어나지 않는다.[10] 우리는 새로운 기술과 아이디어를 시험하고 그 결과물에 대해 타인의 피드백을 받는 과정을 통해 배워나간다.[11] 예를 들어보자. 효과적으로 발표하는 법을 알고 싶다면 열심히 준비한 뒤 직접 발표해봐야 한다. 하지만 자신의 발표가 어땠는지 피드백을 받지 못하면 어떤 부분을 개선하고 더 노력해야 하는지 절대 깨달을 수 없다. 그리고 대부분의 사람들은 부탁하지 않으면 피드백을 주지 않는다.

창의력과 혁신을 고취한다. 훌륭한 아이디어는 하늘에서 뚝 떨어지지 않는다. 혁신도 운과는 아무 상관이 없다. 창의력을 키우려면 정보를 부탁해서 얻고, 아이디어를 교환하고, 대화에 참여해야 한다.[12] 일례로 나는 동료들과 디자인 씽킹을 가르칠 적에 경영인들을 안락한 강의실에서 벗어나 앤아버의 거친 현장으로 나가게 했다. 그리고 처음 보는 시민들에게 다가가 특정 제품이나 서비스에 대한 경험을 물어보게 했다. 현장에 갔던 사람들은 시제품에 대한 새로운 아이디어뿐만 아니라 낯선 사람들이 부탁에 기꺼이 마음을 연다는 즐거운 깨달음을 얻고 돌아왔다.

훌륭한 아이디어가 있다고 해도 그것을 발전시키고 시험하고 정제하고 시행하려면 타인의 도움이 필요하다.[13] 도움을 요청해야만 아이디어를 시작 단계에서 완성 단계로 발전시킬 수 있다.[14]

스트레스가 줄어든다. 직장이나 집에서 자주 스트레스를 받는가? 그렇다면 수많은 사람이 당신의 동지다. 갤럽 조사에 따르면 미국인 열에 여덟(79퍼센트)이 매일 스트레스를 받고 있는데, 그중 직장 스트레스가 가장 큰 비중을 차지하는 것으로 나타났다.[15] 여러 연구에서 입증된 바로는 도움을 부탁하면 스트레스 및 시간에 대한 압박이 줄고, 그 대신 참여 의식 및 업무 성과는 향상된다.[16]

도움을 구하는 것은 팀과 조직에도 이득이다. 당신이 팀을 이끄는 중간 관리자라면 반드시 눈여겨 봐야 할 부분이다.

팀의 실적이 올라간다. 도움을 요청하면 팀의 실적이 개선된다. 팀원들이 창의력을 발휘하고, 서로에게서 배우고, 팀의 목표·비전·업무를 더 잘 이해할 수 있게 되기 때문이다.[17] 최고의 성과를 내는 팀은 외부 네트워크를 구축해서 정보, 피드백, 전문지식 등의 자원을 구하는 데 활용한다.[18]

비용이 절감된다. 비용 면에서 얻는 이익은 어마어마하다. 미국 근로자 지원 프로그램EAP에 관한 연구에 따르면 직원들이 자발적으로 직원 지원 프로그램을 이용하도록 장려할 경우 기업의 의료, 장애, 보상비용이 크게 줄어들 뿐 아니라 결근율이 낮아지고 생산성이 높아진다.[19] 언제든 도움을 요청할 창구를 열어둠으로써 직원들의 신체적·정신적 문제를 예방하고 관리할 수 있기 때문이다.

게다가 해결책을 더 빨리 얻거나 훨씬 경제적인 대안을 발견함으로써 비용도 낮출 수 있다. 예를 하나 들어보자. 제약회사 아벤티스Aventis에서 근무하는 한 연구원과 일을 할 때였다. 그는 팀이 개발 중인 블록버스터급 신제품에 사용할 특정 알칼로이드 성분의 합성을 의뢰하기 위해 외부 연구소와 5만 달러짜리 계약 체결을 앞두고 있었다. 하지만 계약을 추진하는 대신 이 책에 나오는 도구를 이용하기로 했다. 과학자 네트워크에 접속해 좀 더 저렴한 대안이 있으면 알려달라고 도움을 요청한 것이다. 그러자 아벤티스의 한 동료가 답신을 보내왔다. 자신의 연구팀에 추가 생산 여력이 있으니 **무료로** 합성을 해주겠다는 답이었다. 그 말인즉, 외부에 지불해야 하는 비용 전액을 아낄 수 있다는 뜻이었다.

사실 두 연구원은 같은 약품 개발팀에 있었다. 하지만 평소 도움을 요청하는 문화가 없었다. 그 결과 한 사람은 자기 연구팀에 추가 생산 여력이 있다는 것을 몰랐고, 다른 연구원은 사내에서도 가능한 분석 작업을 외부에 맡기려 한다는 걸 몰랐다. 바로 이 때문에 소리 높여 부탁해야 누가 뭐가 필요한지 알 수 있는 것이다. 그리고 누군가 도움이 필요하다는 걸 알면 사람들은 반응한다. 아벤티스에서도 바로 그런 일이 벌어진 것이다.

이 성공 이야기에 고무되어 팀 내 다른 연구원들도 이런저런 도움을 요청하기 시작했다. 효소 검사를 통해 특정 화합물을 확인해달라는 요청부터, 어떤 프로젝트의 생리 활성 실험을 직접 볼 수 있게 허락해달라는 요청, 분자 모델링을 도와달라는 요청까지 각양각색이었다. 오늘 받은 도움의 가치를 돈으로 환산해보자고 하자 연구원들은 즉석에서 절감한 것만 해도 20만 달러가 넘는다고 보고했다. 그것도 이 개발팀 한 곳에서, 겨우 두 시간 반(이 책에 나오는 도구를 사용하는 데 걸린 시간이다) 만에 절감한 금액이었다.

생산성과 수익률이 높아진다. 도움을 구하고 베푸는 것이 사내 표준으로 자리 잡으면 직원들의 생산성은 높아지고 이직률은 낮아진다.[20] 최고경영자가 자신의 업무 성과에 대해 피드백을 달라고 자주 부탁하면 경영진의 충성도가 올라가고 자연스레 회사의 재무 성과도 좋아진다.[21] 또한 직원들이 자기 업무와 성과에만 매달리는 회사보다 널리 네트워크를 쌓고 서로를 돕는 회사가 이윤도 훨씬 높다.[22] 이를테면 아벤티스 개발팀의 연구원들은 부탁하기 무섭게 도움을 받은 덕에 3천 시간 이상을 아낄 수 있었다고 보고했다. 그 정도면 다른 약을 개발하는 데 투자할 수도 있는 시간이다.

도움을 구하면 운영 효율성도 개선된다. 정보, 노동, 자본을 더 빨리 얻을 수 있을뿐더러 불필요한 노력이 줄기 때문이다. 부탁은 조직 내 자원의 사용과 흐름을 가속화한다. 그리고 도움을 구하기 전에 문제나 업무를 붙들고 씨름하느라 너무 많은 시간과 정신적 에너지를 낭비하지 않아야 생산적이 된다.[23]

모순처럼 들리겠지만 도움을 요청하는 것은 '베풂'의 열쇠이기도 하다. 나는 수십 년 전 개인, 팀, 조직이 인맥을 이용해 주변 자원에 접근하도록 돕는 도구를 개발하면서 이 사실을 처음 깨달았다. 그때만 해도 나는 사람들을 관대하게 만드는 게 관건이라고 생각했다. 하지만 그렇지 않았다. 놀랍게도 진짜 문제는 사람들로 하여금 도움을 요청하게 만드는 것이었다. 실제로는 대부분의 사람들이 기꺼이 남을 도와주려 한다는 사실을 깨달은 것이다. 물론 부탁을 받는다는 전제에서 말이다. 반대로 부탁이라는 열쇠를 활용하는 사람은 극소수다. 그 결과 그 모든 대답, 해결책, 자원이 손길도 닿지 않은 채 이렇다 할 이유도 없이 버려진다.

초반에 얻은 이 교훈은 이 도구를 사용한 수천 세계인의 경험 및 연구를 통해 시간이 지날수록 더욱 강화되었다. 그러면서 왜 부탁이 이토록 어려운가에 대한 나의 궁금증을 촉발했고, 부탁을 가로막는 장애물을 극복할 수 있는 검증되고 실용적이고 효과적인 도구를 찾아야겠다는 마음을 불러일으켰다.

나는 이 책에서 등장하는 방법들의 이로운 효과를 매일 목격한다. 미시간대학교 로스 경영대학원에서 25년 넘게 관대함, 호혜, 사회적 인맥, 긍정적 리더십에 대해 연구하고 가르치고 자문해온 교수로서도 그렇고, 우리 사업 컨소시엄의 회원인 회사 및 조직 50여 곳과 함께 일하고 있는 긍정조직센터Center for Positive

Organizations의 센터장 자격으로서도 그렇다. 로스 경영대학원 경영자 교육 과정과 제너럴모터스가 맺은 다년간 제휴 프로그램 리딩 위드 임팩트Leading with Impact(여기서 나는 전 세계에 섬처럼 고립돼 있는 조직들을 연결하여 각국의 리더들이 도움을 주고받는 네트워크를 만들도록 돕는 일을 하고 있다)의 공동 이사로서도 그렇다. 그리고 애덤 그랜트를 비롯한 여러 동료들과 공동 설립한 기브앤테이크Give and Take, Inc.의 전략 고문이자 이사회 회원으로서도 그렇다. 기브앤테이크의 임무는 리더들이 팀과 회사에 호혜와 협력의 문화를 탄탄하게 뿌리내리게 하도록 돕는 것이다.

이 책 전반에 걸쳐 독자들은 내가 그 과정에서 접했던 수많은 이야기들을 읽게 될 것이다. 그리고 왜 그토록 많은 사람들이 도움 요청을 어려워하는지, 이 장애물을 극복하려면 어떻게 해야 하는지 분명히 알게 될 것이다. 또한 간단하면서 강력한 방법으로 부탁을 정교화하고, 도움을 부탁할 적임자를 판별해내고, 그 어느 때보다 인맥 자원을 넓게 이용하는 법도 배우게 될 것이다. 뿐만 아니라 팀과 조직이 필요한 자원을 얻도록 도와주는 실용적인 수십 가지 도구의 사용법도 터득하게 될 것이다. 나는 구글Google, 컨슈머스에너지Consumers Energy, 제너럴모터스General Motors, 프루덴셜Prudential, 브리스틀마이어스Bristol Myers, 블루크로스 블루쉴드Blue Cross Blue Shield 등의 회사에서 일하는 수천 명의 중역, 관리자, 전문가들과 이 도구들을 공유해왔다. 이 책에서는 어떤 회사에서 일하든, 사내에서 직책이 무엇이든, 모든 독자가 같은 도구를 이용해서 하고자 하는 모든 일을 성취할 수 있는 방법을 보여줄 것이다. 일단 시도해보라. 그러면 모든 게 가능해진다. 심지어 그것이 기적이라도 말이다.

2장
부탁을 못하는 사람들의 8가지 특징

어린 시절 우리 가족은 차를 몰고 장거리 여행을 자주 갔다. 나와 남동생, 그리고 누나 둘은 측면에 나무를 덧댄 가족용 스테이션왜건 뒷좌석에 바짝 붙어 앉아서 아빠가 얼마 만에 길을 잃고 갓길에 정차하는지 알아맞히려고 했다. 드디어 운명의 시간이 닥쳤고 그때마다 아빠는 지도를 꺼내든 채 눈에 불을 켰다. 그리고 엄마의 인내심은 절대 길을 물어보지 않으려는 아빠의 고집에 질려 서서히 바닥이 났다.

많은 사람들이 남자들이 길을 물어보는 걸 얼마나 싫어하는지를 두고 농담을 하곤 한다(구글맵이 등장하기 전까지만 해도 그랬다). 하지만 도움을 요청하길 꺼려하는 것은 남자만의 문제가 아니다.

그러니 부탁을 '인간의 근원적 딜레마'[1]라고 부르는 게 아니겠는가.

25년 동안 여러 동료들과 함께 연구하고 기업에 자문을 제공하며 학생들을 가르쳐온 경험을 바탕으로, 나는 인간이 필요할 때 자신 있게 도움을 요청하지 못하는 데는 여덟 가지 이유가 있다고 판단했다. 그 장애물이 무엇인지 파악하면 그것들을 극복하고, 돌아가고, 피할 수 있는 힘이 생길 것이다.

부탁을 못하는 사람들의 8가지 특징

1. 타인에게 도울 의지와 능력이 있음을 과소평가한다

뉴욕의 거리를 걷다가 중요한 전화를 깜빡한 게 기억났다고 가정하자. 내 절친한 친구가 취업이 되느냐 마느냐가 나의 소개 전화 한 통에 달려 있다. 마감 시간까지 30분밖에 남지 않은 상황. 주머니를 뒤져서 휴대전화를 꺼내는데 아뿔싸, 배터리가 나갔다. 전화 건다는 걸 잊은 것만 해도 난감한데 휴대전화 충전까지 까먹은 것이다. 심장이 마구 뛰기 시작한다. 이제 어떻게 할 것인가?

지나가는 사람에게 휴대전화를 빌려달라고 부탁하는 건 어떨까? 흔쾌히 할 수 있겠는가? 대부분의 사람들은 휴대전화를 빌려달라고 부탁하는 것은 고사하고 행인에게 접근한다는 생각만으로도 겁을 집어먹는다. 또는 머쓱해하며 이런저런 핑계를 댄다.

"이 뉴욕 한복판에서 누가 선뜻 휴대전화를 빌려줄 확률이 얼마나 되겠어?"

사실 그 확률은 우리가 생각하는 것보다 훨씬 높다. 컬럼비아 대학의 심리학자들이 연구를 통해 그 사실을 알아냈다.[2] 실험 참가자들이 뉴욕(낯선 사람에게 불친절하기로 유명한 도시다)의 거리에서 행인에게 다가가서 이렇게 물었다. "전화를 해야 하는데 휴대전화 좀 빌릴 수 있을까요?" 지금 꼭 전화를 해야 하는 이유를 설명하거나 절절한 사연을 지어내지도 않았다. 그런데 놀랍게도 많은 행인들이 기꺼이 부탁에 응했다. 평균적으로 두 번의 시도 만에 뉴요커로부터 휴대전화를 빌릴 수 있었다.

살짝 변형된 다른 실험에서는 참가자들이 행인에게 설문지를 작성해달라거나 길을 잃었으니 근처 건물까지 데려다달라고 부탁했다. 이번에도 두 번 만에 설문지를 받아낼 수 있었다. 목적지까지 데려다달라는 부탁은 평균 2.3회밖에 걸리지 않았다.

하지만 진짜 흥미로운 부분은 이것이었다. 심리학자들이 실험 참가자들을 거리로 보내기 전에 몇 명에게 부탁을 해야 '좋다'는 대답이 나올 거라고 추측하는지 물어본 것이다. 결론적으로 그들의 추측은 완전히 빗나갔다. 그들이 예측한 행인의 숫자가 실제 수보다 두세 배나 많았던 것이다.[3]

마지막으로 심리학자들은 훨씬 어려운 부탁을 하면 어떤 결과가 나올지 실험했다. 이를테면 금전적인 부탁 말이다. 이번에는 뉴욕 도심에서 '팀 인 트레이닝Team in Training'에 참가 중인 자원자들을 대상으로 실험했다. 팀 인 트레이닝은 '백혈병 림프종 학회Leukemia&Lymphoma Society' 기금 마련을 위한 모금 프로그램이다. 이 프로그램의 독특한 점은 참가자들이 마라톤이나 철인 3종 경기 출전을 위한 전문적인 훈련을 받는 동시에 본인이 설정한 모금 목표를 달성해야 한다는 것이다.

연구자들이 목표 기금을 모으려면 몇 사람에게 부탁해야 할 것 같으냐고 참가자들에게 물어보자, 평균 210명일 거라는 답이 돌아왔다. 하지만 이들이 실제 부탁한 사람의 수는 122명에 불과했다. 그리고 기부자들이 성금을 얼마나 낼 것 같으냐는 물음에 평균 48.33달러라고 예상한 것과 달리, 실제 평균 기부액은 63.80달러였다.

이 모든 연구들을 살펴보면 비슷한 패턴을 발견할 수 있다. 우리는 습관적으로 타인을 도우려는 의지와 능력을 과소평가한다는 것이다. 하지만 실제로 사람들은 우리가 생각하는 것보다 훨씬 자주 타인을 돕는다. 2015년 갤럽이 실시한 설문 조사에서 '지난 한 달 이내에 낯선 사람을 도와준 경험이 있다'라고 응답한 미국인은 전체 응답자의 73퍼센트에 달했다. 조사 대상인 140개 국가의 절반 이상에서도 비슷한 결과가 나왔다.[4] 갤럽은 매달 전세계 22억 명의 인구가 도움이 필요한 낯선 사람을 돕고 있으며 10억 명이 자원봉사에 참여하고 14억 명이 기부에 동참하는 것으로 추정했다. 인류학자와 언어학자로 구성된 국제팀의 또 다른 연구에 따르면 매일 1057개의 부탁(자원이든, 서비스든, 지원이든) 가운데 90퍼센트가량이 즉시 해결된다고 한다.[5] 이런 높은 비율은 다섯 대륙 전체에서 매우 일관되게 나타났다.

하지만 앞의 실험 참가자들과 마찬가지로 너무나 많은 사람들이 아무도 자신을 도와주지 않을 거라고 지레 짐작한다. 또한 거절당할까 봐 두려워한다. 아니면 기꺼이 돕겠다는 사람이 있어도 그에게 시간이 없거나 도울 능력이 부족할 거라고 속단한다. 나는 수년에 걸쳐 직접 행사를 진행하며 선입견 때문에 자신을 제약하는 사람들을 거듭 목격했다. 때로는 나를 한쪽으로 끌고 가서 이렇게 속삭이는 사람도 있었다. "진짜 필요한 게 있어도 부탁하지 않을 거예요. 여기엔 나를 도울 수 있는 사람이 없어요." 그때마다 내 대답은 한결 같다. "사람들이 무얼 알고 누굴 아는지는 아무도 몰라요. 물어보기 전까지는요. 여기 모인 사람들을 미리 재단하지 마세요. 진짜 필요하면 그냥 도와달라고 부탁하세요." 선입견을 버리고 도움을 요청하면 실망하는 경우는 아주 드물다.

그 유명한 미국의 발명가이자 작가이자 정치인인 벤저민 프랭클린의 자서전에는 정치적 라이벌에 얽힌 일화가 나온다. 둘 사이의 해묵은 감정을 풀고 싶었던 프랭클린은 화해의 편지나 선물을 보내는 대신 그에게 한 가지 부탁을 했다. 라이벌의 서재에 꽂혀 있던 귀한 책 한 권을 빌려달라고 쪽지를 보낸 것이었다.[6] 곧바로 책이 도착했고 며칠 후 프랭클린은 감사의 메모와 함께 책을 돌려주었다. 그 일을 계기로 두 사람의 관계는 완전히 반전되었다. 프랭클린은 다음과 같이 적었다. "그 이후 그가 백악관에서 나를 보더니 굉장히 예의를 갖추며 말을 걸었다(전에는 꿈도 못 꾸던 일이었다). 그 뒤로도 나를 위해 기꺼이 봉사하겠다는 자세를 보였다. 그렇게 우리는 좋은 친구가 되었고 우리의 우정은 그가 죽을 때까지 이어졌다." 프랭클린은 이 경험을 바탕으로 다음과 같은 격언을 남겼다. "당신이 은혜를 베푼 사람보다는 당신에게 호의를 베푼 사람이 당신에게 또 다른 호의를 베풀 것이다."[7]

아름다운 이야기다. 이런 관계의 변화를 설명할 만한 과학적인 증거도 있다. 실제로 심리학자들의 연구에 따르면 당신이 도움을 요청하면 상대방이 그 요청의 이면에 '친화적 동기', 즉 더 가까워지고픈 욕구가 있다고 추론하고 당신을 도와줄 가능성이 높다고 한다.[8] 상대방이 역으로 당신에게 친밀감을 느끼고 계속해서 도와주려는 마음을 가지게 된다는 것이다.

상대방이 호의를 베풀면 다음에도 용기 내어 부탁하게 되는 게 인지상정이다. 하지만 상대가 부탁을 거절하면 어떻게 할까? 당신이라면 또다시 부탁하겠는가? 대부분은 그러지 못한다. 하지만 이 역시 자신을 불필요하게 제약하는 행위다. 연구에 따르면 사람들은 두 번째 부탁을 들어주려는 경향이 강하다. 처음 거절

한 것에 미안함을 느끼기 때문이다.[9]

또한 많은 사람들이 가족이나 친한 친구와 같은 '친밀한 유대관계' 바깥의 사람들에게 부탁하는 것을 어려워한다. 하지만 그것은 '약한 유대'(우리가 잘 모르는 사람들과 지인들)의 힘을 굉장히 과소평가하는 태도다. 약한 유대는 사회 집단 간에 다리를 놔준다는 점에서 매우 중요하다.[10] 신선한 정보, 새로운 해결책, 다양한 자원이 이런 다리를 통해 이동한다. 또한 한때는 친했으나 소원해진 관계, 즉 '휴면기의 유대관계'의 힘도 매우 과소평가한다. 이를테면 25년 동안 연락을 끊고 지낸 고등학교 동창에게 연락해 일자리를 소개해달라고 할 생각은 아예 하지 않는다. 연락을 해봤자 친구가 거절을 하거나 아쉬운 소리나 하려고 연락한 것에 화낼 거라 짐작하기 때문이다. 하지만 연구에 따르면 대부분의 사람들은 과거의 지인으로부터 오랜만에 연락을 받으면 기꺼이 그들을 도와주려 한다.[11] 시간이 흐른다고 함께 나누었던 이해와 감정과 신뢰의 역사가 사라지는 건 아니다.

게다가 이런 휴면 관계를 재가동시키면 여러 면에서 얻는 게 굉장히 많다. 고등학교 동창은 나와 다른 세계에 살고 있으므로 나와 지식과 사회적 인맥이 크게 겹치지 않는다. 다시 말해, 내가 모르는 사실이나 사람을 동창이 알 수도 있다는 뜻이다. 휴면 관계는 내가 미처 생각지 못했던 방식으로 내게 도움을 줄 수 있다. 하지만 그러려면 부탁을 해야만 한다.

2. 자신에게 과하게 의존한다

다음 두 진술을 읽고 잘 생각해보라. 각 진술에 동의하는가? 아니면 반대하는가?

- 타인에게 의지하느니 차라리 자신에게 의지하는 게 낫다.
- 나는 대개 자신에게 의존하는 편이다.

두 진술에 모두 동의하는가? 당신만 그런 게 아니다. 우리 팀이 미국 전역에서 실시한 설문 조사에 따르면 미국인의 대다수(85퍼센트)가 두 진술에 동의했다.[12] 그만큼 자립은 교육, 인종, 종교, 정치 성향, 거주 지역의 차이를 불문하고 많은 미국인들이 공유하는 몇 안 되는 가치 중 하나다.

1841년, 랩프 왈도 에머슨Ralph Waldo Emerson은 미국의 고전 수필 〈자기신뢰Self-Reliance〉에서 인간이 지켜야 하는 이 귀중한 원칙의 정수를 포착했다. 여기서 그는 모든 사람들에게 "자신을 믿고", 스스로의 충고에 귀 기울이고, 타인에 대한 의존성을 피하라고 조언한다. 우리는 어려서부터 가정과 학교에서 자립의 가치를 배웠고, 스스로 성취하고 달성한 것에 대해 보상을 받고자 한다.

직장에 들어가면 자립은 강력한 동기 유발 요인이자 배포, 야망, 생산성의 증표가 된다. '자발적인 사람'으로 보이는 데는 분명히 이점이 있다. 하지만 그것도 정도껏 했을 때의 이야기다. 동료들에게 조언을 전혀 구하지 않으면 배우고 성장하고 발전할 소중한 기회를 잃게 된다.[13] 또한 혁신적인 아이디어를 꽃피우고 완성하고 실행하고 싶다면서 타인에게 도움을 요청하지 않으면 아무 결실도 맺지 못하고 그냥 시들고 만다.[14]

개인적인 삶에서도 지나친 자립은 폐해를 낳는다. 예를 들어보자. 우울, 불안 같은 정서적 문제는 초기에 치료하지 않으면 더 오래 지속되고 더 자주 재발한다.[15] 많은 일하는 여성들의 사례처럼 가정과 직장에서 "모든 것을 혼자 해내려고" 애쓰면 녹초가 되고 화가 치밀고 고립된다. 전부 우리의 관계에 심각한 피해를 주는 요소들이다. 반대로 배우자나 파트너에게 의지하고 부탁하면 신뢰, 헌신, 정서적 친밀감을 쌓을 수 있다.[16]

물론 모든 일마다 도움을 구할 수는 없다. 남의 도움에 너무 많이 의존하면 혼자 힘으로 골치 아픈 문제를 해결하는 만족감을 뺏길 수도 있다. 하지만 지나치게 자신에게만 의존하면 결국 좌절하고 실패하게 된다.

3. 나약하게 보일까 봐 걱정한다

도움을 구하면 나약하게 보일까 봐 걱정되는가? 과도한 자립의 배다른 형제는, 유능한 사람은 남에게 도움을 청하지 않는다는 믿음이다. 조직심리학자들은 이를 '도움을 구하는 것에 대한 사회적 비용'이라고 부른다.[17] 이 믿음에 따르면 모든 일을 혼자 힘으로 해결하지 못하는 것은 자신이 나약하고 게으르고 무지하고 의존적이고 자기 일도 제대로 못하는 사람이라고 떠들고 다니는 것과 다름이 없다.

좋은 소식은 이런 두려움이 전혀 근거가 없다는 것이다. 하버드-와튼Harvard-Wharton 팀이 실시한 조사에 따르면 적절한 상황에서 도움을 요청하면 오히려 유능하다는 인식을 줄 수 있다.[18] 우선 조언을 구한다는 것은 자신이 있음을, 지혜롭다는 것을 시사한다(자신이 모르는 게 뭔지를 알고 언제 물어야 할지를 아는 것이므로). 또한 위험을 무릅쓸 각오가 되어 있다는 뜻이다. 하지만 긍정적인 인상을 주려면 지적인 질문을 던져야 한다. 어려운 문제에 대한 조언을 구하면 유능한 사람으로 비칠 수 있겠지만, 단순하거나 쉽거나 사소한 문제라면 무능하거나 게으른 사람이라는 인상을 심어줄 것이다. 4장에서는 유의미하고 중요한 부탁을 하는 법에 대해 깊이 있게 파고들 것이다.

도움을 청하는 데 높은 사회적 비용이 따를 거라는 인식은 여성과 남성에게 각각 어떤 영향을 끼칠까? 여성이 남성보다 높은 사회적 비용을 치러야 할까? (안타깝게도) 직장과 사회에서 여성이 남성보다 사회적 자본을 얻기 위해 더 열심히 일해야 하는 경우가 비일비재하니 말이다. 답은 부탁의 내용, 조직 내 성비, 업무의 특성 등에 따라 다르다. 남성은 훨씬 자립적이어야 하고, 부탁은 리더십 있는 남성의 행동과는 거리가 멀다고 생각하는 문화에서는 유능한 사람이라는 평판에 금이 갈까 봐 남성들이 여성들보다 도움을 부탁할 가능성이 적을 수밖에 없다.[19] 하지만 조사에 따르면 남성이 대다수이고 협상전략 개발처럼 전형적인 '남성적' 업무를 하는 팀에서는 남녀 할 것 없이 업무에 대한 피드백을 부탁할 가능성이 높다.[20] 남성이 대다수이고 남성적 업무가 많은 조직의 남성들 역시 여성이 대다수인 조직의 남성들에 비해 피드백을 많이 구한다. 남성 중심적 업무가 많은 여성 조직의 여성들과 비교하면 훨씬 높은 수준이다. 흥미롭게도 전형적인 '여성적' 업무(갈등 관리를 위한 관계 전략 개발과 같은)를 하는 여성 중심 조직의 여성들은 피드백을 별로 구하지 않는다. 이렇게 성별에 따른 차이가 실재하긴 하지만, 2부에서 소개할 도구를 사용하면 그 차이를 성공적으로 극복하고 모든 사람들이 성별에 관계없이 도움이 필요할 때 부탁할 수 있다.

부탁에 따르는 사회적 비용은 문화권마다 다를 수 있다. 조사에 따르면 아시아인은 고국에서든 미국에서든 서구인에 비해 사적인 문제로 사회적 지원을 요청하거나 업무와 관련해 피드백을 부탁하는 일이 적다.[21] 처음에는 이 결과가 직관에 반하는 것처럼 보였다. 아시아 사회는 집단주의 성향이 강하다. 개인을 타인과 상호 의존하는 존재로 보기 때문에 도움의 손길을 청하기가 더 쉬울 수 있다. 반면 서구 사회는 개인주의 성향이 강하다. 개인을 타인과 동떨어진 독립된 존재로 보기 때문에 서구에서는 도움을 부탁하기가 더 어렵다는 추론이 가능하다.

하지만 실상은 그 반대다. 왜 그럴까? 개인주의 문화에서는 관계를 개인적 목표를 추구하기 위한 합법적 수단으로 여긴다. 따라서 사회적 인맥을 이용해 부탁을 건네는 것이 용인된다. 부탁을 했다가 거절을 당해도 딱히 관계가 어그러지지 않는다. 그렇지만 집단주의 문화에서는 사회적 화합과 관계를 유지하는 것이 사회의 주된 목표다. 부탁이 집단에 부담을 주거나 집단보다 개인의 이익을 우선시하는 것처럼 보이면 훨씬 큰 비용이 발생하게 된다. 그러므로 집단의 화합을 유지하기 위해 가급적 부탁을 삼가는 것이다.[22]

하지만 2부에서 소개할 도구는 서구뿐 아니라 아시아권(그리고 기타 문화권)에서도 통한다. 일례로 '호혜의 고리'는 중국, 한국, 인도, 홍콩, 필리핀, 싱가포르와 같은 집단적 문화권에서 성공적인 효과를 거두고 있다. 비결은 도움을 구하고 베푸는 것을 조직적 과제로 만드는 것이다. 말하자면 새로운 규칙으로서 부탁을 의무화하는 것이다. 필요한 부탁을 하지 않는 것이 오히려 조직에 해가 된다. 따라서 조직의 화합을 유지하기 위해서는 타인에게 부탁하고 타인의 부탁을 받아들여야만 한다.

하지만 부탁에도 적정선이 있지 않을까? 있다. 조사에 따르면 부탁과 업무 능력은 정비례하지 않는다. 즉 더 자주 부탁하고 도움을 받을수록 업무 성과가 꾸준히 올라가는 게 아니라는 뜻이다.

오히려 관계는 뒤집어진 U자 모양의 곡선을 그린다(표 1을 보라).[23]

우선 도움을 '너무 자주' 요청한다는 건 무슨 뜻일까? '너무 자주'라는 건 상대적이다. 부분적으로는 직장 문화와 규범에 달려 있지만[24] 심리적 동기에 따라 달라지기도 한다. 심리학자들은 부탁의 동기를 두 가지로 구분한다.[25] 자주적 부탁과 의존적 부탁이다. 자주적으로 부탁하는 사람은 일을 대신 해달라거나 문제를 해결해달라고 말하지 않는다. 그보다는 스스로 문제를 해결할 수 있도록 도움이나 정보를 달라고 부탁한다. 그들은 배우고 성장하려는 동기로 움직인다. 반면 의존적으로 부탁하는 사람은 자신에게 문제를 해결할 능력이 있음을 믿지 않는다. 곧바로 타인에게 의지하면 되므로 그런 능력이 필요하지도 않다고 여긴다.[26] 또한 자신이 배우고 성장할 수 있다는 믿음도 없다. 그저

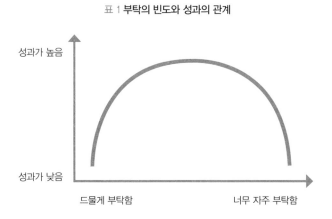

표 1 **부탁의 빈도와 성과의 관계**

성과가 높음

성과가 낮음

드물게 부탁함　　　　　　　　　　너무 자주 부탁함

문제를 해치우고 싶다는 욕심뿐이다.

해결책은 항상 자신에게 질문하는 것이다. 나는 왜 도움을 부탁하려 하는가? 그게 새로운 기술을 익히고 무언가를 배우는 데 도움이 될까? 대답이 '그렇다'이면, 마음 놓고 부탁해도 된다.

4. 조직 내에 심리적 안전감이 부족하다

안타까운 현실이지만 일부 직장에서는 도움을 부탁한 대가로 부정적인 결과가 따르기도 한다. 이런 직장에는 심리적 안전감, 즉 '우리 팀은 대인관계에서 위험을 감행해도 안전하다는 공유된 믿음'이 부족하다.[27] 팀에 심리적 안전감이 결여되면 팀원들이 문제를 제기하고, 질문을 던지고, 난감한 이슈와 마주하고, 실수를 하거나 약점을 드러내는 행동(도움을 부탁하는 것처럼)을 하기를 두려워하게 된다.[28] 거기에 높은 성과에 대한 압력까지 더해지면 지속적인 불안 상태로 살게 된다. 성과를 내고 싶은 마음은 굴뚝같은데 새로운 일을 시도하거나 도움을 구하는 건 겁이 나니 그렇지 않겠는가.[29]

심리적 안전감은 좋은 성과를 내는 데 필수적이다. 성과에 대한 기대치가 높을 때는 특히 더 그렇다. 구글에서 사내 팀들을 대상으로 실시한 연구 결과에 따르면 심리적 안전감은 팀의 효율성을 높이는 핵심 요소다.[30] 물론 신뢰성(제 시간에 일을 끝내되 높은 기준을 충족하는 것), 구조 및 명확성(분명한 역할, 계획, 목표), 의미

(일이 개인적으로 중요한 의미를 지니는가), 영향(팀의 업무가 긍정적인 변화를 만드는 중요한 일인가) 등의 요소들도 중요한 것으로 나타났다. 하지만 단연코 심리적 안전감이 가장 중요했다. 또한 심리적 안전감의 중심에는 도움이 필요할 때 부탁해도 괜찮다고 느끼는 문화가 있다.

"동료에게 도움을 부탁하고 베푸는 것은 구글 문화의 특징입니다." 인재개발원의 고위 간부인 캐스린 데카스Kathryn Dekas는 말한다.[31] 이런 행동들—팀원들끼리 책상에 앉아 "뭐 좀 물어봐도 돼요?"라고 묻는 것부터 사내 게시판에 질문을 올리고 답하는 것, 공개회의 때 고위 경영진에게 직접 질문을 던지는 것까지—은 "제품 혁신을 추진하는 핵심 요소"다. 캐스린이 관찰한 바에 따르면, 이런 관행의 밑바탕에는 "심리적 안전감이 존재한다. 동료나 팀원들 앞에서 위험을 감수하고 약점을 보여도 안전하다는 믿음" 말이다.

부탁을 행동 표준으로 삼음으로써 팀이나 조직에 이런 문화를 장려할 수 있는 도구에 대해서는 2부에서 이야기할 것이다.

5. 고질적인 조직 문제에 가로막혀 있다

도움을 부탁하고 베푸는 행동을 방해하는 회사 내 시스템과 관습에 대해 전부 다루자면 책 한 권을 쓰고도 남는다. 그중 흔히 접할 수 있는 문제가 세 가지 있으니, 부적합한 직원 고용, 갈등을 유발하는 장려금 제도, 부서 간의 단절이다(뒤에서 이 문제를 해결하기 위해 리더들이 어떻게 해야 할지에 대해 논의하겠다).

부적합한 직원 고용. 당신 조직은 어떤 사람을 고용하는가? 그 선택 기준은 무엇인가? 물론 회사들은 개인의 능력, 기술, 경험을 바탕으로 직원을 고용한다. 문제는 이런 자격 조건이 그 사람이 협력적인지, 팀과 잘 어울리는지, 타인을 돕는 성향인지, 필요할 때 도움을 부탁할 의지가 있는지를 보장해주는 건 아니라는 점이다.

그러므로 기술과 능력을 기준으로 고용하는 것도 필요하지만, 조직의 가치 및 문화와 잘 맞는지를 고려하는 것도 중요하다. 고품질의 사용자 중심적 제품을 생산하는 선도적 소프트웨어 회사인 멘로이노베이션스Menlo Innovations의 서글서글한 최고경영자 리치 셰리든Rich Sheridan은 소프트웨어나 테크니컬한 기술만으로는 지원자가 멘로의 협력적 문화에 어울리는 인재인지 판단하기 어렵다는 것을 깨달았다. 그것이 그가 자신의 첫 책《기쁨주식회사Joy, Inc》에서 밝힌 것처럼 그들이 "훌륭한 유치원생의 자질"을 가진 프로그래머를 찾는 이유다.[32] 공손하고 남들과 잘 어울리고 나눌 줄 아는 사람 말이다. 훌륭한 유치원생의 기술을 가진 사람은 기쁜 마음으로 타인을 돕고 흔쾌히 도움을 부탁할 줄 안다.

갈등을 유발하는 장려금 제도. 내가 만나본 리더 중에 관용의 문화를 싫어하는 사람은 없었다. 하지만 장려금 제도가 개인의 성과만 중시한다면 도움이 오가기 어려운 고도의 경쟁 문화를 낳게 된다. 이탈리아 보코니대학교의 카산드라 챔버스Cassandra Chambers와 함께 대규모 연구실 실험을 통해 확인한 바에 따르면 경쟁적 줄 세우기와 개별적 보상은 협동에 부정적인 영향을 미친다.[33]

부서 간의 단절. 조직의 덩치가 커지면 작게 쪼개지고 나뉘고 분화되는 건 당연한 이치다. 조직이 작을 때는 모두가 모두를 안다. 협력도 신속하고 격의 없이 이루어진다. 하지만 조직이 급성장하면 이런 단단한 네트워크가 느슨해지면서 서로 단절된 조직, 단위, 부서, 사무실, 분과로 뿔뿔이 흩어져버린다. 여기에 세계화까지 진행돼 사람들을 거리, 시간대, 문화적 기준으로 분산시키며 문제를 더욱 악화시키고 있다.

그 결과 조직은 매우 고립된 사일로silo(사전적 의미로는 밀폐된 둥근 탑 모양의 건물을 일컬으나 경영 분야에서는 고립된 채로 운영되는 조직을 의미한다—옮긴이) 상태에 이른다. 그리고 각 사일로는 저마다 자기들만의 목표, 목적, 문화를 가진 동떨어진 조직이 된다. 이런 구조에서는 도움을 부탁하고 얻는 게 보통 힘든 일이 아니다. 필요한 답이나 자원이 어딘가 있는 건 분명한데 찾는 게 불가능해 보이니 아예 찾을 생각을 안 하게 된다. 그 결과 조직 내 많은 자원이 제대로 사용되지 않거나 아예 소리 소문 없이 묻혀버린다. 2부에서는 리더들이 자원의 사용과 흐름을 개선하고 고립된 사일로들을 연결해 주고받는 문화를 만들기 위해 필요한 구체적인 도구를 제시할 것이다.

6. 무엇을 어떻게 부탁해야 할지 모른다

나는 사람들이 노골적으로 도움을 부탁해도 되는 자리를 수차례 마련해왔다. 하지만 막상 자리를 만들어주면 다들 당황해 어쩔 줄 모른다. 그들은 이렇게 말한다. "인맥 좋고 똑똑한 사람들에게 뭐든 질문할 수 있는 자리가 생기기를 얼마나 바랐는지 몰라요. 그런데 막상 닥치니까 아무 생각도 안 나요!"[34] 사람들이 이렇게 당황하는 데는 많은 이유가 있다. 도움이 필요하지 않아서가 아니다. 그보다는 무엇을 필요로 하는지 모른다는 게 문제다. 대부분의 사람들은 목표가 무엇인지, 또는 목표를 달성하려면 뭐가 필요한지 분명히 표현하는 데 익숙하지 않다. 그리고 자신이 어디로 가는지, 그곳에 가려면 뭐가 필요한지 모르는 상태에서는 생산적인 부탁을 떠올리기 힘들다.

두 번째 이유는 무엇이 필요한지 안다고 해도, 어떻게 부탁할지 모른다는 것이다. 부탁을 해도 그 형식이 형편없다면 무능해 보일 뿐 아니라 필요한 답을 얻을 가능성도 낮아진다. 이는 인재 분석 전문가인 나트 벌클리Nat Bulkley와 내가 부탁, 받음, 베풂에 관한 대규모 실험에서 발견한 사실이기도 하다.[35] 사실 많은 이들이 이를 직관적으로 감지한다. 4장에서는 무엇이 필요하고 어떻게 해야 그것을 당당하고 현명하게 부탁할 수 있는지 파악하는 법을 알려줄 것이다.

7. 부탁할 자격이 안 될까 봐 염려한다

우리는 도움을 부탁하는 것에 특별한 자격이 필요하다고 생각하며, 그 자격은 도움을 베풂으로써 생기는 거라고 생각한다. 이런 생각은 일견 합리적으로 보이지만 문제는 모두가 받으려고는 하지 않고 먼저 베풀 기회만 기다린다면 베풂이 일어나지 않는다는 데 있다. 이 난제에서 벗어나려면 주고받는 행위를 쌍방 거래가 아닌 다수가 참여하는 거대한 교환으로 인식해야 한다. 이때 목표는 오랜 시간 꾸준하게 베풀고 또 받는 사람이 되는 것이다. 달리 표현하면, '회계장부'상 특정 일자의 결산 금액이 어긋나더라도 장기적으로 손익분기만 맞으면 괜찮다는 태도가 필요하다. 회계장부는 어느 한 사람이 쓴 내역만 맞아봤자 아무 소용이 없다. 그보다는 나와 교류하는 사람들까지 모두 아울러 계산했을 때 잔액이 맞아야 한다.

즉 도움을 주고받는 개별 행위들을 일대일로 연결 지으면 안된다. 베푼다는 것은 심지어 (어쩌면 특히) 내게 도움을 주지 않은 사람이라도 너그럽게 돕는 것을 의미한다. 그리고 받는다는 것은 필요하면 언제든 도움을 요청하고 감사하게 받는 것을 의미한다. 다음 장에서 설명하겠지만, 부탁을 못하게 가로막는 이런 장애물을 극복하는 방법은 여러 가지다.

8. 이기적으로 보일까 봐 두려워한다

때로 우리는 타인을 희생해서 자신의 이익만 좇는 이기적인 사람으로 보이는 게 두려워 부탁을 꺼려한다. 펜실베이니아대 와튼스쿨 교수이자 경영사상계의 구루인 애덤 그랜트는 2013년 베스트셀러 《기브앤테이크》에서 그런 이기적인 사람들을 '테이커taker'라고 불렀다. 테이커란 될 수 있으면 도움을 되갚거나 선행을 베풀지 않고 받기만 하는 사람을 말한다. 그에 따르면 테이커는 전략적 계산가다. 그들은 타인을 도와주는 비용보다 그로 인해 돌아오는 비용이 더 크다고 생각할 때만 도움을 베푼다. 반면 기버giver는 보상을 기대하지 않고 너그러이 도움을 베푸는 사람이다. 그들은 시간, 지식, 기술, 인맥을 나눔으로써 타인을 위해 가치를 창조하고 기여하는 것을 중요하게 여긴다.[36]

내가 애덤을 처음 만난 것은 2003년 그가 미시간대 조직심리학 박사 과정에 입학했을 때였다. 우리가 함께 일하게 된 과정은 이 책의 주제를 핵심적으로 보여준다.

애덤이 미시간대에 입학하기 몇 년 전, 나는 아내 셰릴과 함께 앞서 언급했던 '호혜의 고리'라는 도구(2부에서 더 자세히 다룰 것이다)를 개발했다. 셰릴은 조직 개발 전문가이자 기업들에 사회적 네트워킹 도구 및 해결책을 제공하는 휴맥스사Humax Corporation의 설립자다(현재 휴맥스는 우리 회사 기브앤테이크 산하에 있다). 당시 우리는 사람들이 광대한 정보망을 이용해 대가 없이 서로를 돕도록 하는 강력하지만 단순한 방편으로 호혜의 고리를 생각해냈다. 동시에 호혜의 고리는 나와 애덤이 한 배를 타게 된 계기이기도 하다.

나는 가끔씩 대학 구성원들을 위해 호혜의 고리 행사를 진행하곤 했다. 그런데 한번은 선약이 있어서 행사 요청에 응할 수가 없었다. 단칼에 부탁을 거절하려니 마음이 불편했던 나는 대신 행사를 진행할 만한 사람을 물색하려고 머리를 쥐어짰다. 당시 나는 애덤을 잘 알지 못했다. 그저 그가 누구이며, '기버'로 명성이 높다는 사실밖에는. 이미 그때부터 그는 자신의 시간과 지식을 스스럼없이 타인에게 나눠주는 사람으로 소문이 자자했다. 그래서 누가 뭐라고 하건 신경 쓰지 않고 그에게 시간을 내서 행사를 진행해줄 수 있겠느냐고 물었다. 그는 흔쾌히 수락했고, 자신을 도와줄 조수로 저스틴 버그(당시에는 미시간대학교 학부생이었으나 현재는 스탠퍼드대학교 경영대학원 교수다)라는 학생을 데려왔다.

그렇게 우연찮게 지성들이 한자리에 모였고, 우린 곧 다 같이 호혜의 고리에 숨겨진 심리학적 메커니즘과 그 결과에 대해 연구하기 시작했다. 간단히 말하자면 나의 갑작스러운 부탁을 시작으로 애덤이 미시간대를 졸업하고 노스캐롤라이나대학 경영대학원에 교수로 채용된 후로도 한참 동안 우리는 공적, 사적으로 돈독한 관계를 유지했다. 그리고 얼마 후 그는 와튼스쿨에 채용되어 와튼의 최연소 종신 교수가 되었다. 교수, 연구자에 이어 베스트셀러 저자라는 수많은 직함에도 불구하고 우리는 여전히 연락하며 지내고 있다.

한편 셰릴과 휴맥스사는 기업, 경영대학원, 조직들에 쉼 없이 호혜의 고리를 제공해왔다. 나 역시 강의, 간부 교육, 연구, 컨설팅에 계속해서 이 도구를 사용하고 있다. 이 글을 쓰고 있는 현재까지 20개국 이상에서 12개가 넘는 언어를 사용하는 10만 명 이상의 사람들이 호혜의 고리의 효과를 경험했다.

수년 동안 나와 셰릴, 그리고 애덤은 호혜의 고리 원칙을 온라인이나 어플로도 쓸 수 있게 해달라는 요청을 거듭 받아왔다. 하지만 그때마다 당시 기술로는 구현이 불가능하다고 판단했다. 그러다가 2016년, 디지털 혁명으로 플랫폼 기술이 발전하면서 이젠 시도해봐도 괜찮겠다는 생각이 들었다. 그래서 셰릴과 나는 소규모로 팀을 꾸려서 초기 자금을 확보한 뒤 시제품을 개발하고 테스트를 진행했다. 애덤이 자문가 겸 파트너로 합류했고, 몇명이 힘을 보태 기브앤테이크가 설립됐다. 그리고 시제품은 진화를 거듭해 '기비타스Givitas'―협업 기술 플랫폼으로, 책 후반부에서 더 자세히 설명할 것이다―로 탄생했다. 결국 총명하고 젊은 대학원생에게 도움을 부탁한 결과, 연구 동지는 물론 사업 파트너까지 얻게 된 것이다.

부탁할 자유를 허락하라

현재 진행 중인 컨설팅 및 연구와 더불어 기비타스 운영을 통해 나는 중요한 결론을 내리게 되었다. 사람들이 '스스럼없이 부탁하도록' 만드는 것이야말로 베풂의 핵심이라는 사실이다. 애덤의 《기브앤테이크》는 '기버'가 되는 것이 장기적으로 성공의 열쇠라는 것을 보여주는 매력적인 사례다. 하지만 알아야 할 게 있다. 아무도 받으려 하지 않으면 누구도 '기버'가 될 수 없다. 도움을 베풀고 받는 것은 동전의 양면과도 같다. 하나가 없으면 나머지도 없다. 주고받음이 순환을 이루려면 부탁을 해야 한다. 아무리 도움이 필요해도 부탁하지 않으면 아무 일도 일어나지 않는다. 이 책에서 나는 사람들이 부탁을 못하게 방해하는 근본적인 문제점에 대해 살펴볼 것이다.

뒷장에서는 주고받음의 균형을 맞추면서 부탁을 자연스러운 일로 만들려면 어떤 개인적 노력이 필요한지 보여줄 것이다. 또한 팀, 분과, 부서, 또는 조직 전체의 리더로서 사람들이 필요한 것을 거리낌 없이 부탁하는 동시에 서로 너그러이 도와주는 문화를 만들려면 어떻게 해야 하는지 설명할 것이다.

그 과정은 '주고받음의 법칙'을 이해하는 것으로부터 시작한다. 우리는 살면서 주는 것이 받는 것보다 더 낫다고 배운다. 하지만 3장에서는 왜 '주고받는 것'이 가장 좋은지 설명할 것이다.

기억하라. 주고받는 것은 일대일로 되갚으며 호의를 교환하는 게 아니다. 그보다는 자신이 인맥을 통해 흐르도록 만드는 호혜의 고차원적 형태('보편적 호혜')다. 또한 주고받음의 네 가지 유형과 각각의 장단점을 살펴보고, 자신이 어떤 유형인지 평가하고 진단하도록 도울 것이다. 하지만 유형에 상관없이 누구나 2부에서 소개할 도구와 전략을 사용하면 관대한 '기버'이자 습관적 '리퀘스터requester'가 될 수 있다.

2부에서는 팀이나 조직의 일원으로서, 또는 감독자, 관리자, 리더로서, 개개인이 사용할 수 있는 검증된 도구와 실천법을 제공할 것이다. "행동이 먼저다"라는 구호는 이런 도구와 실천법에 대단히 중요한 원칙이다.[37] 사람들의 생각과 신념을 바꾸는 가장 효과적인 방법은 먼저 행동을 바꾸는 것이다. 조직 변화 전문가 존 슈크John Shook의 표현처럼, "행동으로 새로운 사고방식을 이끌어내는 것이 생각으로 새로운 행동방식을 이끌어내는 것보다 쉽다."[38]

개인과 조직의 변화에 대한 전형적인 접근법에서는 사고와 신념을 바꾸는 데 초점을 맞추어 사람들이 올바른 행동법을 자연스레 파악하기를 기대한다. 하지만 이런 구식 모델은 더 이상 통하지 않는다. 가치관과 태도를 바꾸는 것도 어려운 일이지만, 문화를 바꾸는 건 훨씬 더 어렵다. 하지만 먼저 새로운 행동방식을 시도하다 보면—이를테면 2부에서 소개할 도구를 이용한 실험

표 2 가치, 태도, 문화를 바꾸려면 행동을 바꿔라

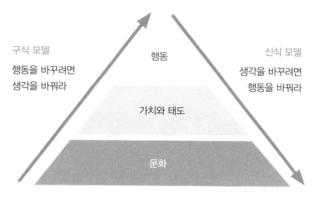

출처 : 존 슈크, 〈문화는 어떻게 변하는가〉, 《MIT슬론 매니지먼트 리뷰》, 2010.

처럼—저절로 그 가치가 이해되기 시작한다. 그러다 시간이 지나면서 "도움을 바라는 건 나쁜 생각이다"에서 "도움을 구하는 건 성공의 핵심이다"로 태도가 변하게 된다. "받는 것보다 주는 것이 낫다"는 생각 역시 "주고받음이야말로 성공의 비결이다"로 바뀐다. 다시 말해 마음가짐이 달라진다. 많은 사람들이 지속적이고 반복적으로 실천하면 이 새로운 행동법이 직장 문화를 완전히 바꿔놓을 것이다.

4장에서는 자신이 무엇을 필요로 하는지 파악하고 필요를 부탁으로 탈바꿈시키는 법부터 시작해서 단계별로 절차를 안내한다. 그런 다음 부탁할 사람을 찾기 위해 인맥을 이용하는 법을 소개한다. 마지막으로, 거절에는 어떻게 대처할지, 그리고 어떻게 해야 '싫다'는 대답을 듣고도 새로 부탁할 수 있는지 설명한다.

5장에서는 팀 차원으로 넓혀서 팀원들이 도움을 청하고 베풀 수 있는, 심리적으로 안전한 공간을 만드는 법을 다룬다. 효율적인 팀을 만들려면 먼저 성공을 거둘 수 있도록 판을 깔아주어야 한다. 여기에는 기버-리퀘스터 성향이 높은 사람을 팀원으로 채용하고, 특히 도움을 부탁하고 베풀어도 안전하다는 분위기가 조성되도록 규범을 확립하는 것도 포함된다. 또한 어떻게 해야 팀 리더가 규범들을 설계하고 부탁과 베풂을 모든 직무에 의무화할 수 있는지도 설명한다. 그런 다음 팀과 조직에 부탁과 베풂의 문화를 정착시키기 위한 몇 가지 방법을 제공한다.

6장에서는 한 차원 올라가서 조직 내 사일로나 조직 간의 경계, 우리와 전 세계 네트워크 간의 경계처럼 다양한 경계를 넘어 부탁하는 것에 초점을 맞춘다. 경계 너머로 부탁을 하면 인맥이 확장되면서 필요한 해답이나 자원을 찾는 새로운 길이 열린다. 경계의 양쪽을 연결시킬 검증된 실천법은 물론 디지털 기술에 대해서도 설명할 것이다.

7장에서는 감사, 인정, 보상의 중요성을 강조한다. 이를 제대로만 사용하면 앞 장에서 설명한 도구와 실천법에 힘이 실릴 것이다. 도움을 부탁하는 사람에게 보상함으로써 부탁의 규범을 강화하는 법, 부탁을 우수한 업무 역량으로 인정하는 법, 집단적 개선 노력을 장려하고 보상하는 제도를 마련하는 법에 대해서도 설명할 것이다.

마지막 책장을 덮을 때면 '부탁으로 원하는 것을 얻는' 비결은 물론, 이를 실전에 적용하는 방법까지 완전히 터득하게 될 것이다. 또한 개인 차원에서, 그리고 집단, 팀, 조직 차원에서 '주고받음의 법칙'을 어떻게 실천하고 유익하게 활용할지를 배우게 될 것이다.

하지만 설명을 이어나가기 전에 먼저 확실히 해둘 게 있다. 이 책은 '테이커'가 되는 자격증이 아니다. 그보다는 개인적·사업적·직업적 인맥을 아우르며 자원을 교환하는 일에 참여하라는 초대장이자 사용설명서에 가깝다. 도움을 부탁하는 행위는 주고받는 과정의 출발이라는 점에서 필수적인 요소다. 기여 문화를 활성화하는 비법은 자신과 타인에게 부탁할 자유를 허락하는 것이다.

도움을 부탁하는 데서 주고받음의 선순환이 시작되지만 여덟 가지 장애물이 부탁하지 못하도록 가로막는다. 일부는 심리적인 문제로, 지나친 자기의존적 성향 또는 자신에겐 부탁할 자격이 없다는 생각이 여기에 해당한다. 일부는 사람들이 자신을 도와주기 싫어하거나 능력상 도움을 주기 어려울 거라는 선입견, 또는 도움을 요청하면 무능해 보일 거라는 두려움처럼 잘못된 믿음에서 비롯한다. 환경이 문제인 경우도 있다. 위험을 감수하기에 심리적으로 불안한 직장이나 부탁을 못하게 가로막는 조직 시스템, 절차, 관행이 여기에 해당한다. 때로는 무엇을 부탁해야 할지, 또는 어떻게 부탁해야 할지 모를 때처럼 간단하면서 쉽게 해결되는 문제일 수도 있다. 이 책의 뒷부분에서 이런 장애물들을 뛰어넘으려면 어떻게 해야 할지 설명할 것이다.

1. 부탁을 못하게 가로막는 여덟 가지 이유 가운데 내게 가장 큰 걸림 돌은 무엇인가? 이유는 무엇인가?

2. 믿음이 가장 큰 걸림돌인가? (1번, 2번, 3번, 8번 이유) 그렇다면 믿음 을 바꿀 수 있도록 책을 계속 읽어나가기 바란다.

3. 무엇을 부탁할지, 또는 어떻게 부탁할지 모르는 게 가장 큰 문제인 가? 아니면 부탁할 자격이 없다고 느끼는 게 문제인가? (6번, 7번 이 유) 그렇다면 4장으로 가서 조언을 참고하라.

4. 환경이나 상황이 가장 큰 걸림돌인가? (4번, 5번 이유) 그렇다면 5장, 6장, 7장으로 넘어가라.

5. 책을 읽으면서 성장 일기를 쓰기 바란다. 자신의 의견, 생각, 행동을 노트에 적어라. 그리고 준비가 되면 자신이 얻은 교훈과 통찰력을 타인과 공유하라.

3장
주고받음의 법칙

2016년, 리우데자네이루에 아주 특별한 식당이 문을 열었다. 이탈리안 셰프 마시모 보투라Massimo Bottura는 하계 올림픽 기간 동안 선수촌에서 쏟아져 나오는 엄청난 양의 식재료와 남은 음식을 재활용해 리우 거리의 노숙자들에게 제공하자는 아이디어를 냈다.[1] 그는 아이디어를 실현하기 위해 브라질 요리사 데이비드 헤르츠David Hertz와 함께 비영리기구 가스트로모티바 식당Refettorio Gastromotiva을 설립해 하루 100여 명의 노숙자들에게 음식을 제공했다. 손도 대지 않았지만 버려질 운명이던 식재료들이 셰프의 손끝에서 쿠스쿠스로, 소고기 소테로, 즉석 창작 요리로 재탄생했다. 가스트로모티바는 올림픽이 끝나고 수년이 지난 현재까지

운영되고 있으며, 보투라는 런던, 멜버른, 브롱크스 등지에도 비슷한 식당을 개업했다.[2]

가슴을 뛰게 만드는 이런 진취적 에피소드는 주고받음에 대한 우리의 보편적 믿음, 즉 가진 자들에게서 가지지 못한 자들에게로 자원이 흘러가도록 돕는 게 옳다는 믿음을 잘 보여준다. 이는 우리가 어려서부터 배워온 교훈과도 딱 맞아떨어진다. "받는 것보다 주는 것이 고귀하다." 이 견해는 전 세계 24개 이상의 종교적·상식적 전통에서도 찬미의 대상이다.[3] 2장에서 소개한 갤럽의 조사 결과에서도 보았듯 수십억의 세계인들이 돈, 시간, 노동력, 재능을 곤란한 사람들을 돕는 데 사용하고 있다.[4] 이는 문화권을 막론하고 두루 나타나는 현상인데, 미국의 대학 졸업식 연설에 타인을 돕자는 주제가 단골 화두로 오르는 것만 봐도 알 수 있다.[5] 다시 말해 주는 행위는 전 세계 어디에서나 미덕으로 여겨진다.

주고받음의 순환을 일으키는 힘

받는 것보다 주는 것이 고귀하다는 믿음은 배고픈 자에게 먹을 것을 주고, 빈털터리에게 돈을 주고, 노숙자에게 쉼터를 주고, 자연 재해나 전쟁의 피해자에게 구호물품을 지원해주는 등의 자선 행위에만 그치지 않는다. 일터와 직장에서도 우리는 타인을 돕는 것을 미덕, 즉 훌륭한 조직과 시민의 징표로 여긴다. 하지만 받는 것은 그렇지 않다.

나 역시 주는 행위의 진정한 의미에 동감한다. 우리에겐 어려운 사람들을 도울 책임이 있다. 그리고 관대함은 미덕이자 그 자체가 보상이라고 생각한다. 하지만 받는 행위도 미덕으로 여길 순 없을까? 개인과 공동체의 건강함과 온전함을 장려하는 비영리기구 페처연구소Fetzer Institute는 이렇게 묻는다. "우리는 기버에게 모든 종류의 미덕을 부여하고 투사합니다. 하지만 대개 리시버의 미덕에는 침묵하죠. 우리 모두 '받는 것보다 주는 게 낫다'는 말을 귀에 못이 박이게 들어왔습니다. 언뜻 보기에는 맞는 말 같지요. 우리는 기버로 가득한 문화 속에 살고 싶어 합니다. 하지만 베풂을 장려한다고 해서 받는 행위는 잘못된 것, 또는 '덜 좋은 것'이라는 뜻일까요?"[6]

이 질문은 철학자들의 논쟁거리로 남겨두고 싶다. 하지만 내가 깨달은 바로는 주는 행위는 관대하지만 주고 또 받는 행위는 훨씬 더 관대하다. 이 쌍둥이 같은 행위들은 동전의 양면과도 같다. 받지 않으면 줄 수 없으며, 주지 않으면 받을 수 없다. 그리고 그 바퀴를 맨 처음 돌리는 힘은 바로 부탁에서 나온다. 개인적·직업적·사업적 인맥을 통해 자원을 순환하게 만드는 것은 도움을 베푸는 것만큼이나 도움을 청하는 것에 달려 있다.

표 3 **부탁의 순환 모델**

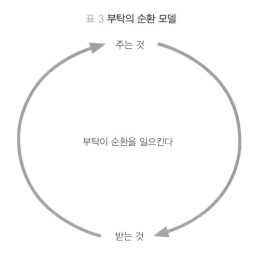

주는 것

부탁이 순환을 일으킨다

받는 것

아는 사람 중에 가장 능력 있고 생산성이 높은 사람을 떠올려 보라. 아마 너그러이 도움을 베푸는 동시에 필요할 때 도움을 구하는 이들일 것이다. 애덤 그랜트는 이런 사람들을 '이타적인 사람otherish'이라고 부른다.[7] 타인과 자신을 아울러 염려하는 이들로, 주고받음의 선순환을 촉진하는 사람들이다.

이번 장에서 나는 도움을 부탁하는 것이 도움을 베푸는 것만큼 중요하다는 점을 보여주려 한다. 나는 이를 '주고받음의 법칙'이라 부른다. 주고받는 행위는 대체로 네 가지 형태 안에서 이루어지는데 독자들은 이를 통해 자신이 어떤 유형에 속하는지 판단할 수 있을 것이다.

매우 관대한 기버형, 이기적인 테이커형, 외로운 늑대형, 기버-

리퀘스터형 중 나는 어떤 유형일까? 이 네 가지는 타고난 특징이 아니라, 세상을 어떤 식으로 살아갈지 스스로 선택한 결과다. 또한 2부에서는 행동을 올바른 방향으로 변화시키기 위해 사용할 수 있는 여러 도구들과 '주고받음의 법칙'에 따라 살 수 있는 지침서를 제공할 것이다.

기버와 리퀘스터의 네 가지 유형

베푸는 행위와 부탁하는 행위를 2차원적으로 생각해보자. 한 축은 베푸는 행위의 빈도수를 나타내고, 다른 축은 부탁하는 행위의 빈도수를 나타낸다. 여기서 내 위치는 어디쯤일까? 궁금하면 다음 페이지에서 과학적으로 간단히 평가해보라. 아니면 이 책과 연계된 웹사이트에서 평가해도 된다(allyouhavetodoisask.com). 자신이 다른 사람들과 어떻게 다른지 비교했을 때 어디쯤 위치하는지 객관적으로 판단할 수 있을 것이다.

　다음의 표 4는 사람들이 도움을 부탁하고 베푸는 다양한 방식을 표로 나타낸 것이다. 지난 한 달 동안 직장과 직장 바깥에서 자신이 어떻게 행동했는지 떠올려보라. 그런 뒤에 각 행동을 얼마나 자주 했는지 표시하라.

표 4 부탁하기 / 베풀기 측정 평가지

부탁하기	전혀 없다	한 달에 한 번	한 달에 2~3번	매주	일주일에 2~3번	거의 매일	하루에 한 번 이상
나는 정보를 달라고 부탁한 적이 있다	1	2	3	4	5	6	7
나는 일을 도와달라고 부탁한 적이 있다	1	2	3	4	5	6	7
나는 정서적 지지를 부탁한 적이 있다	1	2	3	4	5	6	7
나는 개인적인 문제로 조언을 구한 적이 있다	1	2	3	4	5	6	7
나는 소개나 추천을 부탁한 적이 있다	1	2	3	4	5	6	7
나는 본인 또는 팀을 지원해달라고 부탁한 적이 있다	1	2	3	4	5	6	7
나는 친구나 동료에게 누군가를 소개해달라고 부탁한 적이 있다	1	2	3	4	5	6	7

베풀기	전혀 없다	한 달에 한 번	한 달에 2~3번	매주	일주일에 2~3번	거의 매일	하루에 한 번 이상
나는 정보를 제공한 적이 있다	1	2	3	4	5	6	7
나는 누군가의 일을 도와준 적이 있다	1	2	3	4	5	6	7
나는 정서적 지지를 제공한 적이 있다	1	2	3	4	5	6	7
나는 누군가에게 개인적인 문제에 대한 조언을 해준 적이 있다	1	2	3	4	5	6	7
나는 소개나 추천을 해준 적이 있다	1	2	3	4	5	6	7
나는 개인이나 팀을 지원해준 적이 있다	1	2	3	4	5	6	7
나는 친구나 동료를 아는 사람에게 소개해준 적이 있다	1	2	3	4	5	6	7

점수 매기는 법 : '부탁하기' 항목의 7개 질문에 대한 점수를 모두 더한 뒤 7로 나누어 평균 점수를 내라. 같은 방법으로 '베풀기' 항목의 평균 점수를 내라. 각 점수를 따로 기록하라.

> 오늘 날짜 : _____
>
> 나의 평균 '부탁하기' 점수 : _____. 나의 평균 '베풀기' 점수 : _____.

비교하기: 다양한 산업에서 다양한 직무에 몸담고 있는 직장인 465명을 조사한 결과, 평균 '부탁하기' 점수는 53점이고 평균 '베풀기' 점수는 21점이었다. 이들 직장인의 10퍼센트만이 기버-리퀘스터에 해당했는데 이들의 '베풀기', '부탁하기' 점수는 4점을 넘었다.

자신의 결과를 곰곰이 살펴보며 아래 질문을 고민해보기 바란다.

⑴ 위의 직장인 샘플과 비교할 때 나의 점수는 어떤가?

⑵ '베풀기' 점수가 4점을 넘는가? 그렇다면, 혹은 아니라면 그 이유는 무엇인가?

⑶ '베풀기' 점수가 낮다면 타인을 돕는 빈도수를 높이기 위해 구체적으로 어떻게 행동해야 할까?

⑷ '부탁하기' 점수가 4점을 넘는가? 그렇다면, 혹은 아니라면 그 이유는 무엇인가?

⑸ '부탁하기' 점수가 낮다면 부탁을 하는 빈도수를 높이기 위해 구체적으로 어떻게 행동해야 할까?

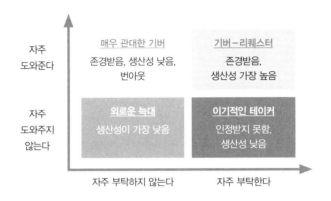

표 5 **부탁과 베풂의 빈도에 따른 4가지 유형**

	자주 부탁하지 않는다	자주 부탁한다
자주 도와준다	매우 관대한 기버 존경받음, 생산성 낮음, 번아웃	기버-리퀘스터 존경받음, 생산성 가장 높음
자주 도와주지 않는다	외로운 늑대 생산성이 가장 낮음	이기적인 테이커 인정받지 못함, 생산성 낮음

출처 : 미시간대 웨인 베이커와 힐러리 헨드릭스가 2019년 5월에 개발한 측정표
(Copyright © 2019 by Wayne Baker and Hilary Hendricks).

물론 실제 인간은 표 5처럼 딱 나눠지는 것이 아니고 각 구간의 경계에 걸쳐 있는 경우도 많다. 그러나 이런 유형화는 자신의 성향을 대략적으로 파악하고 더 나은 전략을 수립하는 데 매우 유용하다. 이제 매우 관대한 기버, 이기적인 테이커, 외로운 늑대, 기버-리퀘스터의 특징을 살펴보자.

매우 관대한 기버

《기브앤테이크》에서 애덤 그랜트는 기버를 "도움이 필요한 사람들에게 시간, 에너지, 지식, 기술, 아이디어, 인맥을 스스럼없이 나눠주려고 애쓰는 사람들"이라고 설명한다.[8] 그는 아무리 간접적이더라도 결국 도움이 기버에게 되돌아오며, 이것이 성공의 발판이라고 설명한다. 내가 두 번째 책《사회적 자본을 이용해 성공하는 법Achieving Success Through Social Capital》에서도 썼듯이, "호혜를 보편적으로 실천하면—누가 나를 도와줄까, 어떤 도움을 줄까 계산하지 않고 타인에게 헌신하면—필요할 때마다 도움을 얻을 수 있는 거대한 호혜의 네트워크에 투자를 하는 셈이다."[9]

하지만 때로 기버는 지나치게 베풀기만 한다. 나는 7년 동안 대기업의 여성 고위 간부들을 위한 사설 비영리 직업개발 프로그램에서 1년에 두 번 강의를 진행했었다. 그리고 전략적 관계 및 네트워크 강의에서 너그러이 베푸는 행위의 중요성을 언제나 강조했다. 그러나 해마다 많은 참가자들이 내 말에 반감을 나타냈다. 이미 타인을 도우면서 아낌없이 베풀고 있다는 것이었다. 그것도 엄청나게 많이. 그러면서 피로감을 호소했다.

이들 간부들은 "관대함으로 인한 번아웃"에 시달리고 있었다.[10] 아니나 다를까, 그들은 토론 중에 자신이 도움을 주기만 하고 받지 않으려 애쓰고 있노라고 털어놨다. 약하고 무능한 사람으로 보이는 게 두려워 베푸는 행위에 너무 집중한 나머지, 자신이 무엇을 필요로 하는지 남에게 알리기를 꺼린다는 것이었다. 하지만 그 바람에 보편적 호혜의 힘을 부인하고, 에너지를 완전히 고갈시키고, 무엇보다도 자신이 받은 도움을 갚고 싶어 하는 사람들을 실망시키고 있었다.

관대한 기버는 매력적이다. 그들은 선행을 베풂으로써 경제학자들이 온광warm glow 효과(나눔을 실천함으로써 심리적 만족감과 기쁨을 얻는 것—옮긴이)라 부르는 상태를 즐긴다.[11] 타인의 존경도 누린다. 긍정적인 피드백을 받아 자존감도 고취된다. 하지만 도움이 필요해도 빈틈을 꼭꼭 숨기는 탓에 성공에 필요한 아이디어, 정보, 기회, 연줄, 소개를 비롯한 다양한 자원을 놓친다. 이를 뒷받침하는 연구 결과도 있다. 컬럼비아대 경영대학원의 프랜시스 플린Francis Flynn의 연구가 그중 하나다. 그는 샌프란시스코 소재 통신회사의 엔지니어들을 대상으로 연구를 수행했는데 베풀기만 하면서 정작 자신은 도움을 거의 받지 않는 직원들은 평판은 좋지만 필요한 도움을 받지 못해 생산성이 낮았다.[12]

관대함이 지나칠 경우 '호의好意 탈진'을 넘어서 건강과 안녕을 해칠 수도 있다. 남들에게 베풀기만 하면서 정작 자신은 돌보지 않는 것을 '고장 난 관용'이라고 한다.[13] 비슷한 현상을 '연민 피로'라 부르는데—호스피스 병동에서 일하거나 고통 완화 처치를 담당하는 간호사처럼 의료 종사자들에게서 흔히 볼 수 있다—심해지면 극심한 스트레스, 육체적·정신적 고갈, 불면증 등으로 이어질 가능성이 높다.[14]

당신은 매우 관대한 기버 유형에 해당하는가? 그렇다 해도 얼마든지 변화는 가능하다. 이 책의 후반부에서 도움을 부탁하는 법을 배울 수 있는 검증된 전략을 제공할 것이다.

이기적인 테이커

반면 이기적인 테이커는 '툭하면 부탁을 해서' 실컷 도움을 얻어 놓고 타인에 대한 의무는 잊거나 모른 척한다. 이름만 봐도 알겠지만 그들의 관심은 온통 자신에게 쏠려 있어서 타인이 베풀어 준 아량에 보답하지 않으며, 보답한다고 해도 아주 드물다. IBM 컨설팅에서 일하는 내 친구는 이들을 이렇게 설명한다. "스펀지야! 주변에 있는 모든 것을 빨아들이기만 하면서 한 방울도 뱉어 내지 않는 사람들이지!" 이기적인 테이커는 단기적으로는 혜택을 누리지만 결국 진실이 드러나 아무 도움도 받지 못하게 된다. 인간은 관대함에 상을 주듯 인색함은 벌한다.[15]

오해는 하지 말길 바란다. 주는 것에 비해 훨씬 많이 받아야하는 경우도 있다. 이를테면 신입 직원은 남을 도울 만큼 경험을 쌓기 전까지는 한참 동안 도움을 받아야 한다. 빈털터리가 된 사람 역시 다시 자립하려면 도움을 받을 수밖에 없다. 이들은 우리가 이기적인 테이커라 부르는 사람에 해당하지 않는다.

좋은 소식은 가장 이기적인 테이커조차 적절한 환경에서는 베푼다는 사실이다. 텍사스대학의 쉰 러바인Sheen Levine과 함께 실시한 대조 실험도 이를 입증한 바 있다.[16] 먼저 우리는 참가자들이 도움을 주고받는 데 있어 어떤 성향을 보이는지 측정한 뒤 실험군에 넣고 '간접적으로 돕기 게임'(선행 나누기를 생각하면 된다)을 하게 했다. 게임에는 진짜 돈이 걸려 있었다. 그리고 그들이 타인을 도울 경우 그 사실을 다른 참가자에게 알릴지 여부를 통제했다. 아니나 다를까, 테이커 성향을 지닌 참가자는 선행을 외부에 숨겼을 때보다 알렸을 때 더 너그럽게 행동했다. 하지만 기버는 상황을 막론하고 똑같이 반응했다.

애덤 그랜트와 나는 기버와 테이커를 호혜의 고리에 참가시키고 똑같은 실험을 했다. 그리고 심심풀이로 내기를 했다. 그는 테이커가 어떤 상황에서도 베풀지 않을 거라는 쪽이었고, 나는 그 반대였다. 결과를 알아보기 위해 우리는 참가자들의 기버-테이커 성향을 측정한 뒤 호혜의 고리에 참여시키고 각자 얼마나 많은 도움을 베푸는지 세어보았다. 결과는? 우리 둘 다 맞았다. 테이커도 베풀었다. 하지만 기버보다 횟수가 훨씬 적었다.

애초에 테이커가 베푸는 이유는 뭘까? 도움을 베푼 게 외부에 알려지면 "지식, 자원, 인맥을 공유하는 데 관대하다는 평판을 얻기 때문"이라고 애덤은 말한다. "기여하는 바가 없으면 인색하고 이기적인 사람으로 보입니다. 그러면 부탁을 해도 도움을 받지 못할 수 있죠."[17] 나는 이를 포틀럭의 원리라고 부른다. 이기적인 테이커가 포틀럭파티에 음식을 가져오는 건, 그렇게 하지 않으면 부끄러운 건 말할 것도 없고 너무 눈에 띄기 때문이다. 다시 말해 테이커는 '계몽적 사익'(내가 부르는 표현이다)을 추구한다. 자신에게 장기적으로 이익이 된다고 생각하면 베푼다는 의미다.

2부에서 제시할 많은 도구들은 주고받는 행위를 공개적으로 알려서 테이커가 베풀 수밖에 없도록 설계돼 있다.

외로운 늑대

외로운 늑대는 단호한 개인주의자다. 그들은 자립을 중시하기 때문에 좀처럼 도움을 구하지 않는다. 도움을 베푸는 일도 드물다. 어떤 사람들은 성공하려면 혼자 책상에 코를 박고 일에만 매진해야 한다고 (잘못) 생각하고 외로운 늑대 유형이 되기를 자처한다. 그들에게 성공이란 꼭대기까지 달리는 경주에서 이기는 것이다. 그러니 속도를 늦추거나 걸음을 멈추고 다른 주자들이 따라잡도록 도울 이유가 있겠는가?

외로운 늑대는 도움을 베풀지 않기 때문에 평판이 바닥이다. 동시에 필요한 도움이나 자원을 얻지 못하므로 업무 성과가 낮다.[18] 게다가 혼자만 고립되어 사람들과 교류가 없다. 이렇게 사회적으로 고립되면 이중고가 따르는데, 이는 풍부한 사회적 교류와 자본은 업무 성과를 높이지만 고립과 빈약한 사회적 자본은 성과를 해친다고 입증하는 수많은 연구 결과들을 통해서도 알 수 있다.[19]

사회적 고립은 때로 직장이 제 기능을 못하고 있음을 나타내는 징후일 수 있다. 내 아내 셰릴은 한때 의료보험과 관련된 국립기관에서 수석 분석가로 일했는데, 혼자 모든 것을 해결해야 하는 분위기가 팽배한 곳이었다. 모든 직원이 책상 앞에 앉아 조용히 혼자서 업무를 마쳐야 하고, 도움을 부탁하는 건 스스로 무능하고 일을 못한다고 인정하는 증표라 여겼다. 심지어 사사로이 담소를 나누는 것마저 시간 낭비라고 생각했다. 결국 많은 동료들과 마찬가지로 셰릴도 곧 다른 기관으로 직장을 옮겼다. 그럼에도 기관장은 직원들이 회사를 진득하니 오래 다니지 못하는 이유를 몰라 당황스러워했다.

직장생활만의 문제가 아니다. 외로운 늑대는 건강, 행복, 웰빙에서도 손해가 크다.[20] 일례로 노인들의 사회적 고립과 외로움은 신체 기능 저하 및 사망의 가장 큰 예측 변수라고 한다.[21] 게다가 젊은 성인의 경우 "사회적 고립감이 핵심 기능, 수면, 정신적·육체적 건강을 손상시킬" 수도 있다.[22]

우리 문화가 아무리 강인한 개인의 신화를 끊임없이 강조한다고 해도 외로운 늑대보다는 관대한 기버, 또는 차라리 이기적인 테이커가 되는 게 낫다. 제아무리 테이커라도 세상과 교류를 하며 유아독존하지는 않으니 말이다.

기버-리퀘스터

기버-리퀘스터는 '주고받음의 법칙'에 따라 살아가는 사람들이다. 그들은 도움을 베풂으로써 관대하다는 평판을 얻고, 도움을 청함으로써 성공에 필요한 것들을 얻는다. 수많은 연구들이 이것이 우리가 달성해야 할 균형점이라는 것을 말해준다. 앞서 소개한 통신회사 엔지니어들의 경우만 봐도 생산성이 가장 높고 평판이 좋은 직원은 도움을 자주 베풀면서 또 자주 도움을 받는 사람들이었다.[23]

'주고받음의 법칙'을 실천하는 회사 역시 여러 가지 이점을 누린다. 지속적인 창의성과 혁신으로 유명한 디자인 회사 IDEO의 성공에는 지식노동자들이 자신이 아는 것을 기꺼이 나누고 필요할 때마다 도움을 구하는 활발한 '도움의 문화'가 큰 몫을 했다.[24] 앞 장에서 언급한 소프트웨어 회사 멘로이노베이션스의 경우에는 주고받는 행위를 아예 조직 문화로 흡수했다. 이런 사례는 도움을 주고 또 받는 행위가 어떻게 나와 주변 사람들이 혁신하고, 행동하고, 가치를 창조하도록 만드는지 보여주는 수많은 예시 가운데 일부에 불과하다.

다만 '주고받음의 법칙'이 "내가 널 도와주니까 너도 날 도와줘야 해"라는 식으로 호혜가 직접 오가는 것이 아님을 기억하라. 그보다는 누군가가 전에 나를 도와줬든, 미래에 도와줄 것 같든 개의치 않고 남들을 도와주고, 또 필요할 때 도움을 부탁하는 것이다.

이는 직장생활뿐 아니라 매일의 만족감과 전반적인 행복감에도 이롭다. 한 연구에서 나와 애덤은 호혜의 고리에 참여하기 전후 참가자들이 느끼는 긍정적 감정과 부정적 감정을 측정했다. 그 결과 도움을 주고받을 때 긍정적 감정은 증가하고 부정적 감정은 감소한다는 사실을 알게 되었다. 도움을 베풀면 온광 효과가 일어나지만, 도움을 받으면 감사로 인해 '가슴 따뜻하고 벅찬' 감정을 느끼게 되기 때문이다.

기버-리퀘스터로서 '주고받음의 법칙'에 따라 살아가기 위해서는 명심해야 할 지침이 있다.

⑴ 아무런 조건 없이 베풀어라. 줄 때는 보상을 기대해선 안 된다.

⑵ 마음껏 베풀되 자신의 한계를 파악하라. 관대함으로 인한 번아웃은 피해야 한다.

⑶ 도움이 필요할 때는 주저 없이 부탁하되 도움에 너무 의지하지는 마라.

⑷ 장기적으로 생각하라. 어느 지점에서는 자신이 더 많이 베풀거나 더 많이 받을 수도 있다. 그러니 장기적으로 베풀면서 부탁하는 사람이 되려고 노력하라.

아량을 베풀고 또 그것을 고맙게 받아들이는 행위는 주고받음의 네트워크에 투자를 하는 것이다. 그리고 시간이 지나면 투자한 대가가 엄청난 이익이 되어 돌아온다.

주고받음의 순환은 부탁에서 시작한다. '주고받음의 법칙'에서는 도움을 주는 것과 구하는 것 사이에 균형을 맞추어야 한다. 하지만 관대한 기버는 너무 많이 베푼다. 그 결과 생산성이 떨어지거나 번아웃에 시달리거나 심한 고통을 겪게 된다. 이기적인 테이커는 허구한 날 부탁만 하면서 도움은 베풀지 않아 평판이 좋지 않다. 외로운 늑대는 사정이 최악이다. 주고받음의 순환 고리에 전혀 참여하지 않기 때문이다. 평판도 좋고 생산성도 훌륭한 사람들은 아낌없이 돕고 필요할 땐 거리낌 없이 도움을 구한다. 이런 기버-리퀘스터는 넓은 아량으로 존경도 받고 **동시에** 필요한 자원도 손에 넣어 뛰어난 성과를 거둔다.

1. 나는 '주고받음의 법칙'을 어느 정도까지 실천하고 있는가?

2. 나는 네 가지 유형 중 어디에 해당하는가? 그 이유는 무엇인가? 그

   유형이 목표를 달성하는 데 도움이 되는가?

3. 도움을 부탁하려면 심적 불편함을 각오해야 하는가? 답이 '그렇다'

   이면 그 이유는 무엇인가?

4. 업무나 과제와 관련해 문제를 풀거나 진척이 있으려면 당장 무엇이

   필요한가? 필요한 부분에 대해 도움을 달라고 부탁해보라.

5. 주변을 둘러보라. 내가 도와줄 만한 사람이 있는가? 도움을 필요로

   하는 사람이 있는가?

6. 그 사람을 도와줄 방법을 찾아보라. 직접적으로 도울 수 없다면 도

   와줄 수 있는 사람을 소개하라.

2부

나를 성장시키는 부탁의 기술
— 개인과 팀을 위한 실천법

4장
원하는 미래를
설계하는 방법

"도움을 요청하는 법을 배웠지요."

미시간주 앤아버에 위치한 징거맨 사업공동체Zingerman's Community of Businesses의 매니징 파트너가 되면서 얻은 가장 큰 사업적 교훈이 뭐냐고 묻자 김지혜 씨가 들려준 대답이다.[1] 징거맨사는 연매출이 6500만 달러에 이르는 푸드체인으로, 베이커리, 레스토랑, 커피 로스팅 업체 등 12개의 사업체가 모여 군단을 이루고 있다. 하지만 지혜 씨가 사회인으로 첫발을 디딘 곳은 식품업이 아니었다. 서울 태생인 그녀는 전통 음식을 사랑했지만 자신이 음식을 업으로 삼게 될 거라곤 상상도 못했다. 그녀는 미시간대에서 경제학과 정치학을 전공하기 위해 유학길에 오르면서 앤아버에 처음 발을 딛게 되었다. 대학을 졸업한 뒤에는 병원의 인사, 회계 및 기타 행정 업무를 처리하는 뉴저지의 아웃소싱 회사에 다녔다. 근면성실하고 업무 능력도 출중한 덕에 그녀는 대학을 졸업한 지 겨우 3년 만에 뉴저지에 있는 비슷한 회사에서 억대 연봉의 간부 자리를 제안받았다.

이렇게 기업 행정 분야에서 화려하게 첫발을 뗀 그녀가 어떻게, 그리고 왜 미시간으로 돌아와 음식업에 종사하게 된 걸까? 바로 사랑 때문이었다. 그녀는 앤아버에서 미래의 남편을 만났다. 신혼 초에는 주말 부부 생활을 했다. 남편은 앤아버에 머물면서 직장을 다녔고, 그녀는 뉴저지에서 일하다가 주말마다 비행기를 타고 날아왔다. 하지만 높은 연봉에도 불구하고 점점 직장에 환멸을 느꼈고, 남편과 떨어져 사는 생활에 지쳐갔다. 결국 그녀는 충분한 돈을 모은 뒤 직장을 그만두고 앤아버에 정착해서 얼마간 고민의 시간을 가졌다. "내가 일생을 걸고 하고 싶은 일이 뭘까?"

그러던 어느 주말, 지혜 씨 부부가 친구들과 파티를 열기 위해 근처 징거맨 델리카트슨 식당에 케이터링 서비스를 요청했다. 그녀는 훌륭한 음식과 직원들의 행복한 모습을 보고 깊은 인상을 받았다. 때마침 그 즈음 《뉴욕타임스》에서 25주년을 맞은 징거맨에 관한 기사를 접했다. 회사의 세계적 명성, 독특한 운영 방식, 새로운 식품 사업을 창조해내는 비전 등을 다룬 기사였다. 게다가 잡지 《Inc.》에서 징거맨을 "미국에서 가장 멋진 중소기업"이라

칭송하는 기사까지 접한 그녀는 그곳에서 일해야겠다고 마음을 굳혔다. 그리고 델리카트슨과 베이커리에 이력서를 넣었다.

그렇지만 관련 분야 경험이 부족하다는 이유로 베이커리에서 거절을 당했고, 델리카트슨 케이터링부 면접과 시험 근무 후에도 거절을 당했다. 이번에는 그녀도 가만있지 않고 채용 담당 매니저에게 전화를 걸었다. 그리고 파트너십이라는 열매를 맺기까지 수없이 반복했던 부탁의 첫 테이프를 끊었다. "어떤 점을 고치면 좋을지 제발 알려주시겠어요?" 그녀는 이렇게 말하며 덧붙였다. "왜냐면 다음에 또 지원할 거거든요." 매니저는 딱히 뭘 고쳐야 할지 떠올리지 못했고, 다음에 자리가 나면 그녀를 기억해주겠다고만 답했다. 그리고 진짜로 그렇게 했다.

얼마 후 그녀는 델리카트슨에서 시간당 9달러를 받으며 전 세계에서 수입한 수백 개의 치즈와 올리브오일을 팔게 되었다. 델리카트슨 일은 "뜻밖에 찾아온 행운이었어요"라고 지혜 씨는 회상한다. "호기심을 계속 자극했거든요." 징거맨은 "제품을 이해하라"라는 구호를 주문처럼 강조하는 회사였기에 치즈 만들기, 올리브 농사, 식품화학, 생산자와 공급자 등등 배워야 할 게 산더미였다. 그렇지만 그녀는 징거맨의 긍정적인 에너지도, 주 30~40시간의 근무 시간도 마음에 들었다. 마치 뉴저지의 전 직장에서 주당 70시간을 일하고 난 뒤 휴가를 받은 느낌이었다.

기회를 향해 손을 뻗기

하지만 몇 년이 지나자 불안해지기 시작했다. "남아도는 시간이 너무 많았어요." 그녀는 더 큰 도전에 나서야 할 때임을 직감했다. 델리에서 일하면서 음식과 요리에 대해 더 잘 알게 되었고, 이제 자신의 부엌에서 실험을 해봐야겠다고 마음먹었다. 곧이어 가족이 즐겨 빚던 만두 레시피를 완벽하게 보완해서 친구가 운영하는 일식당에서 팔기 시작했다. 그런 다음 징거맨의 새로운 사업 개발 모델을 파고들었다. 징거맨에서는 어느 직원이든 사업 아이디어를 제안하고 성공적인 사업에 필요한 훈련, 경험, 교육을 받을 수 있을 뿐 아니라 그 과정을 다 거치면 징거맨 브랜드를 가지고 새로운 사업을 할 수 있었다.

그녀는 동료들과 함께 친구들을 불러서 레시피를 시험했다. 다들 맛있다고 칭찬했지만 식당을 운영하려면 여전히 배울 게 많다는 생각이 들었다. 도움을 받고 싶으면 부탁해야 한다는 것도 깨달았다. 그래서 큰 파티를 기획해서 손님들에게 직접 요리한 음식을 대접하고 평가해달라고 부탁했고, 그들의 평가를 바탕으로 레시피를 보완했다. 그런 뒤 징거맨 델리에서 시식회를 담당하는 친구에게 부탁해 자신만의 시식회를 열었다. 심지어 친구에게 시식회에서 설문지를 나눠달라고 부탁한 뒤 수거해 데이터를 분석하기도 했다. 자금이 부족할 때는 징거맨의 설립자 중 한 명인 폴

새기노Paul Saginaw를 찾아가 향후 경비를 지출할 때 쓸 법인카드는 물론 재정을 운용할 회계사를 지원해달라고 요청했다. 폴은 승낙했다. "부탁 자체는 쉬웠어요." 지혜 씨는 말한다. "하지만 그전에 내게 뭐가 필요한지, 외부에 어떤 자원이 있는지, 누구에게 부탁해야 할지를 알아야 했죠."

이 시기에 지혜 씨는 활기 가득한 지역 요식업계에서 인맥을 쌓았다. 어느 날 핫도그 푸드트럭을 가진 친구가 다음번엔 푸드트럭에서 아시아 길거리 음식을 팔아보라고 제안했다. 그녀는 그 아이디어가 마음에 들었다. 하지만 실천으로 옮길 현금도, 도와줄 인력도 없었다. 그래서 폴과 그의 파트너 아리Ari에게 함께 일하자고 손을 내밀었고, 그들이 동의하자 이번에는 중고 푸드트럭을 구입해 앤아버에 장사를 할 만한 곳을 알아봐달라고 부탁했다. "비품 값을 대달라고 부탁해도 부끄럽지 않았어요." 그녀는 이렇게 회상한다. "그 대가로 모든 기회를 최대한 활용할 수 있었으니까요." 푸드트럭 사업을 시작하기에 앞서 폴은 그녀와 그녀의 사업 파트너에게 아시아로 날아가 시장 조사를 하라고 권유했다. 지혜 씨는 징거맨 본사에 일본, 대만, 한국, 홍콩행 항공권을 구입해달라고 요청했고, 해당 국가의 친구와 지인들에게는 신세를 좀 지게 해달라고 부탁했다.

출장에서 돌아오자마자 그녀는 파트너와 함께 푸드트럭을 차렸다. 한 계절이 지난 뒤 파트너는 자신이 원하던 일이 아닌 것 같다며 그녀와 결별했다. 하지만 지혜 씨는 세 계절을 더 푸드트럭 일에 매진했다. 그러고는 게임의 수위를 올릴 때라고 판단하고 처음에는 징거맨 델리의 주방에서, 그다음에는 샌드위치 라인에서 일하게 해달라고 회사에 요청했다. 음식을 대량으로 만드는 법을 배우기 위해서였다. 이어서 앤아버에 위치한 레스토랑 징거맨 로드하우스에서 소테 요리 견습생으로 일하게 해달라고 청했다. 그리고 마침내 고급 한식당에서 '스테이지'─무급 인턴을 뜻한다─경험을 쌓아야 할 때라고 결론을 내리고 뉴욕에 있는 한식당을 하나 골라서 자기소개서를 보냈다. 하지만 답이 없었다. 그래서 이메일을 보냈다. 여전히 감감무소식이었다. 결국 그녀는 비행기를 타고 식당에 찾아가서 자신을 써달라고 부탁했다. 그들은 하루만 일을 하게끔 허락해주었다. 약속한 하루가 끝나자 그녀는 좀 더 일하게 해달라고 애원했다. "뉴욕에 2주 동안 머물 예정인데 큰 문제가 안 된다면 다시 와서 일하게 해주세요. 쓰레기도 버리고, 채소도 손질하고, 시키시는 일은 뭐든 할게요. 다시 와도 괜찮을까요?" 결국 그녀는 그곳에서 2주 반을 일했다.

　징거맨에서 약 10년 동안 일한 그녀는 마침내 '미스킴Miss Kim'이라는 고급 한식당을 개업하며 징거맨 사업공동체의 당당한 일원이 되었다. 나도 그곳에서 가족과 함께 여러 번 식사를 했는데, 굉장하다는 말로는 표현이 안 될 만큼 음식이 훌륭했다. 고생도 많았고 부탁도 숱하게 했지만 지혜 씨의 꿈은 마침내 결실을 맺었다.

"내가 얻은 가장 혁신적인 교훈은 이거예요." 지혜 씨는 이렇게 설명한다. "징거맨의 파트너사가 된다는 게 통제권을 포기하는 게 아니라는 것. 사실 그 부분이 나의 가장 큰 관심사였거든요. 내가 모든 방면에 전문가가 아님을 깨달았죠. 파트너가 된다는 건 독립성을 지키면서 동시에 공동체 안에서 내 역할을 하는 거라는 걸 알게 되었어요. 더 많은 정보와 전문지식에 접근해서 더 나은 결정을 내리는 문제라는 걸요. 그러니까 대화를 나누고 필요할 때 도움을 주고받으며 적극적으로 공동체의 일원이 되어야 한다는 거죠."

다시 말해 지혜 씨는 '주고받음의 법칙'에 따라 사는 법을 배운 것이다.

그녀처럼 당신도 언젠가 자기 사업을 운영할 날을 꿈꿀지 모른다. 아니면 조직의 리더가 되는 과정을 밟고 있는 중일지도 모른다. 조직에 적응하고 요령을 배우려고 애쓰는 신입 사원일지도, 대박 아이템을 찾고 있는 사업가일지도 모른다. 승진이나 새 직장, 또는 완전히 새로운 직업을 향해 나아가는 중일지도 모른다. 어쩌면 자아를 찾고 성장하려는 사적인 여정에 있거나 가족이나 공동체에 긍정적인 기여를 할 새로운 방법을 찾고 있는 중인지도 모른다.

어떤 길을 가고 있든 하나는 확실하다. 도움—충고든 멘토든 정보든 물질이든 소개든 자금이든, 내 말에 귀 기울여줄 사람이든─을 부탁하는 법을 배우면 목표에 더 가까이 다가갈 수 있다는 사실이다. 기억하라. 우리는 우리가 생각하는 것보다 훨씬 쉽게 필요한 것을 얻을 수 있으며, 사람들은 우리가 믿는 것보다 도움을 베푸는 데 훨씬 관대하다는 것을. 하지만 이런 사실을 인지하고 나서도 우리는 여전히 헤맨다. 이유가 뭘까?

하나는 무엇을 필요로 하는지 정확히 모르기 때문이다. 자신이 오도 가도 못하는 상황에 처했다는 건 알지만 앞으로 나아가거나 속도를 내려면 어떻게 해야 할지 모르는 것이다. 내 동료의 상황이 딱 그랬다. 동료 하나가 새 직장 때문에 친구와 가족이 있는 뉴욕을 떠나 아는 사람 하나 없는 샌프란시스코로 이사를 갔다.[2] 새 직장은 눈코 뜰 새 없이 바빴다. 그는 외로웠다. 그렇지만 외로움을 해결하려면 어떻게 해야 할지, 어떤 종류의 도움을 요청해야 할지 몰랐다.

또는 뭐가 필요한지는 정확히 알지만 누구에게 부탁해야 할지 모를 때도 있다. 어떨 땐 무엇이 필요하고 누구에게 부탁해야 하는지는 알지만, 어떻게 전달해야 강력하게 호소할 수 있는지 잘 모를 때도 있다.

이번 장에서 나는 무엇을 부탁해야, 누구에게 부탁해야, 어떻게 부탁해야 긍정적인 대답을 들을 수 있는지 파악하는 간단한 단계별 절차를 알려줄 것이다. 하지만 이런 방법의 기저에는 도움을 부탁하는 건 권리가 아니라 특권이라는 인식이 있다. 이번 장은 부탁에 관한 장이긴 하지만 '주고받음의 법칙'의 정신, 그러니까 도움을 주는 것은 물론 도움을 구하고 받아들이는 데 전념하는 것에 대해 구체적으로 다룬다.

당신의 목적지는 어디인가

시작할 때는 목표에 유념하라. 즉 필요한 게 뭔지 판단하기 전에 이루고 싶은 목표가 뭔지부터 파악해야 한다. 의미 있는 목표를 갖는 것은 뭐가 필요한지 파악할 때도 유용하지만, 근본적으로는 행복하고 만족스러운 삶을 살기 위한 초석이다.[3] 목표는 체계와 의미, 목적과 통제력을 제공한다. 의미 있는 목표를 향해 나아가면 자신감이 생긴다. 또한 그 과정에서 사람들과 어울리며 긍정적인 관계를 쌓아 행복감을 느끼게도 된다.[4] 하지만 모든 목표가 똑같은 효과를 발휘하진 않는다. 행복과 가장 가까운 목표는 본질적인 것이다. 즉 최종 목표로 가기 위한 수단이 아니라, 본질적으로 흥미롭고 가슴 설레고 열정을 북돋는 것이어야 한다.[5] 또한 진짜여야 한다. 쉽게 말해 부모, 사회적 압력, 상사, 또는 어떤 '의무감' 때문에 선택한 게 아니라 나의 열정, 관심, 장점, 가치를 반영한 목표여야 한다.

우리 경영대학원의 학생들은 취업을 준비할 때 자신의 진짜 목표를 향해 가야 할지 높은 임금을 선택해야 할지 고민에 빠진다. 경제와 금융 분야에서 두각을 나타냈던 경영대학원생 로런의 경우만 봐도 그렇다.[6] 비영리기구에서 일하고 싶어 했던 그녀는 졸업이 가까워지자 월가에 취업해야 한다는 사회적 압박을 느꼈다. 결국 금융회사에 취직했지만 2년 동안 불행한 삶을 살더니 박봉에도 불구하고 워싱턴 D. C.의 비영리기구에서 일하기 위해 직장을 그만두었다. 그리고 학교로 돌아와 공공정책학 석사학위를 취득한 뒤, 지금은 미국을 위한 교육Teach for America에서 매니저로 즐겁게 일하고 있다.

진짜 목표를 되찾으면 무슨 일이 있어도 꿈을 이루겠다는 동기가 샘솟는 건 당연하다. 하지만 진심이 동하지 않거나 온 힘을 쏟기 싫은 목표를 추구해야 할 때가 있다. 자신이 맡은 공식 업무나 상사가 잠시 맡긴 일이 그런 것일지도 모른다. 그럴 때는 최종 목표, 즉 장기적으로 이루고 싶은 목표를 마음속에 새기는 것이 도움이 된다. 장기적 목표가 회사 간부로 승진하는 것이라 치자. 상사가 내 책상에 던져놓은 재미없는 일거리를 훌륭히 해내서 최종 목표를 이루는 데 도움이 되었다면 강제적 목표도 새로운 시각으로, 즉 승진으로 가는 디딤돌로 보게 된다. 이런 관점으로 접근하면 주어진 목표를 인정하기 쉬워진다. 결국 내 의지로 선택한 장기적 목표(회사에서 간부로 승진하는 것)에 전념하는 것이나 매한가지이기 때문이다.

지금 이 순간 당신의 인생에서 가장 의미 있는 목표는 무엇인가? 그 목표를 달성하려면 뭐가 필요한가? 바로 답이 떠오를 수도 있다. 그렇다면 다음 단계(도움을 부탁할 때는 스마트SMART하게 표현하라)로 건너뛰기 바란다. 아니라면 아래 연습문제를 통해 목표―그리고 거기에 도달하려면 무엇이 필요한지―를 파악하라. 이 방법 중 일부만 선택하건 전부를 선택하건 상관없다. 하지만 먼저 '빠른 시작법Quick-Start Method'을 시도한 뒤 하나씩 도전하는 게 좋다.

1. 빠른 시작법

다음 5개 문장을 곰곰이 생각해보고 빈칸을 채우기 바란다. 생각이 막히면 다음 문장으로 넘어가라.

  ⑴ 내가 현재 하는 일은 ＿＿＿＿＿＿＿＿＿＿＿이며,
    나는 ＿＿＿＿＿＿＿＿＿＿에 도움을 받고 싶다.
  ⑵ 가장 시급한 업무는 ＿＿＿＿＿＿＿＿＿＿이며,
    이를 해결하려면 ＿＿＿＿＿＿＿＿＿를 해야 한다.
  ⑶ 내가 어려움을 겪고 있는 일은 ＿＿＿＿＿＿＿＿
    이며, ＿＿＿＿＿＿＿＿＿＿를 하면 그 일에 도움이
    될 것 같다.

(4) 내 인생에서 가장 큰 난제는 _____

이며, _____에 대해 조언을 얻고 싶다.

(5) 나의 가장 큰 바람은 _____이며,

그걸 이루려면 _____가 필요하다.

긍정조직센터의 상무이사인 크리스 화이트Chris White는 7년 동안 성공적으로 센터를 이끈 뒤 민간 부문으로 이직하면서 이 '빠른 시작법'을 사용했다. 그가 작성한 답안은 다음과 같다. "내가 현재 하는 일은 컨설팅 역량을 키우는 것이며, 나는 회사의 성장에 맞춰 최상의 사업 구조를 결정하는 부분에 도움을 받고 싶다. 특히 파트너십, 유한책임회사, S주식회사, C주식회사의 장단점을 이해하는 데 도움이 필요하다."[7]

그는 이렇게 일단 무엇이 필요한지 파악하고 나서야 성공한 몇몇 기업가들에게 혜안을 나눠달라 부탁하고, 회계사에게는 세무 자문을, 변호사에게는 법률 지도를 요청해야 한다는 사실을 깨달았다.

2. 목표를 올바르게 표현하기

문장을 하나 이상 완성했다면 가장 마음이 동하는 것을 골라서 다음 섹션(도움을 부탁할 때는 스마트하게 표현하라)으로 이동하라. 하지만 위의 문장을 완성하는 게 힘들다면 할 일이 좀 더 남

표 6 목표 추진 계획표

항목 : _____

목표명 : _____

설명 :

기한 : _____

측정 방법 : _____

이 목표를 달성하기 위해 필요한 것

1.

2.

3.

기타 :
(예 : 정보, 데이터, 보고서, 소개, 조언, 아이디어, 물질적 도움, 정신적 지원 등)

※ 항목이나 목표를 하나 이상 설정하고 싶으면 이 계획표를 복사해서 사용하라.

았다. 표 6의 '목표 추진 계획표'를 이용해보자. 먼저 가장 시급하다고 생각되는 항목을 하나 고른다. 직장, 경력, 사업, 건강/피트니스, 가족, 영성/종교, 공동체 등등 뭐든 상관없다. 해당 항목에 가장 중요한 목표를 적고 다음 방법대로 따라 하라.

목표를 설명하라: 어떤 목표를 위해 노력하는 중인지 구체적인 세부 사항을 적어라. 이때 그 목표가 자신에게 의미 있고 중요한 이유를 반드시 써야 한다. 이를테면 우리 회사 기브앤테이크의 최고경영자 래리 프리드Larry Freed는 이 표를 작성하면서 항목란에는 "사업"을, 목표란에는 "지식의 공유가 일으키는 효과를 평가할 측정법을 개발하는 것"이라고 적었다. 다음은 래리가 설명한 목표다. "측정할 수 없는 것을 관리할 수는 없다. 우리는 개인, 팀, 조직 차원에서 지식의 공유가 얼마나 큰 힘을 발휘하는지를 측정할 수 있는 일련의 측정법을 개발하고 싶다. 그렇게 해야 고객들이 조직에서 지식의 공유를 강화할 수 있는 것은 물론, 우리 역시 기비타스의 가치를 증명할 수 있기 때문이다."

위와 같이 목표를 설정하도록 도와주다가 나는 가끔 '이유'가 누락되는 것을 발견한다. 목표에 "사업을 키우는 것" 또는 "배우자나 파트너와 더 많은 시간을 보내는 것"이라고 기재하면서 '이유'는 당연하다는 듯 건너뛴다. 하지만 말로 설명하기 전까지는 '이유'가 뭔지 모르는 경우도 많다.

이유를 고민하는 것은 중요하다. 이유가 목표를 명확히 드러내기 때문이다. 또한 왜 그 목표가 그토록 의미 있고 중요한지를 스스로 상기시키는 역할도 한다. 이는 활력과 동기를 주는 원천이 될 뿐 아니라 목표를 공유하는 사람들을 독려하고 자극하는 데도 도움이 된다. 마찬가지로 목표를 곰곰이 생각하다가 자신의 목표가 실은 진정성이 없으니 차라리 폐기하는 것이 최선이라는 사실을 깨닫기도 한다.

기한을 정하라: 목표를 이루고 싶은 구체적인 날짜를 정하라. 그저 희망사항일 뿐이거나 가장 낙관적인 시나리오라 하더라도 기한을 적어야 마지막 과정까지 찬찬히 생각할 힘이 생긴다. 목표를 단계별로 나누거나 중간 목표를 여러 개 설정하면 부담이 좀 줄어들 것이다. 래리는 5월 1일을 기한으로 잡았는데, 계획표를 작성한 날로부터 12주 후였다. 야심 찬 목표이지만 충분히 가능한 일정이었다.

측정 지표를 만들어라: 마지막으로 측정 지표가 필요하다. 측정 지표는 기한까지 목표를 달성했는지를 객관적으로 보여줄 수 있다. 측정 기준을 세우지 않으면 결승선 없이 경주를 하는 것과 같아서 자신이 이겼는지 어떤지 절대 알 수 없다. 래리는 목표와 관련해 두 가지 지표를 기입했다. (a) 다양한 규모와 유형의 조직에 걸쳐 작동하며, (b) 고객들이 비교를 통해 다른 조직을 벤치마킹함으로써 가치를 얻어갈 수 있는 기비타스용 측정 시스템을 만드는 것.

필요한 것을 정하라: 목표를 정하고, 내용을 설명하고, 기한을 잡고, 측정 지표까지 만들었다면, 다음 단계는 목표를 향해 의미 있는 발걸음을 내딛기 위해 필요한 자원이 뭔지 정하는 것이다. 래리의 경우에는 기비타스를 사용할 다양한 조직을 모집해야 했다. 그래야 기비타스용 측정법을 개발하는 데 쓸 다양하고 거대한 데이터를 수집할 수 있기 때문이었다. 그래서 그는 추후 참여를 부탁할 기관의 숫자, 유형, 규모를 구체적으로 적었다.

자원은 유형의 것(물질적 자원이나 대출처럼)부터 무형의 것(누군가에게 소개하고 인사시키는 것처럼)까지 다양한 형태로 존재한다는 점에 유념하라. 무엇을 필요로 하는지는 자신이 무엇을 이루고자 하는지에 따라 달라진다. 다음에 몇 가지 예시가 있다. 하지만 당신이 부탁하고자 하는 것들은 이것과는 비교도 되지 않게 종류가 무궁무진할 것이다.

- **정보**: 무언가 또는 누군가에 관한 사실, 지식, 데이터. 예) "내 업무 목표는 성과급 제도를 더욱 효율적으로 재설계하는 거야. 효율적인 성과급 제도와 관련된 정보를 가진 사람이 어디 없을까?" / "고객을 위해 도매가격을 최적화하는 새로운 알고리즘을 개발하는 중이야. 알고리즘을 시험하고 다듬으려면 가격 책정 사례에 관한 데이터가 필요해."
- **조언**: 특정 이슈, 문제, 인물, 상황에 대해 어떻게 조치하면 좋

을지 알려줄 정보통이나 전문가의 의견. 예) "직업도 경력도 발전이 없어. 정체기를 슬기롭게 극복한 경험을 가진 사람의 조언이 필요해."/ "30년 후엔 은퇴하고 사업을 매각할 거야. 어떤 위험을 조심해야 하는지, 팔 때 가격은 어떻게 매겨야 하는지 등 전반적인 노하우에 관한 조언을 듣고 싶어."

- **추천:** 사람, 장소, 물건 등에 대한 보증. 예) "사내에서 대면으로 운영하던 경영개발부를 디지털 플랫폼으로 대체하려고 합니다. 직원들이 각자 자기 속도에 맞게 참여할 수 있도록 할 겁니다. 괜찮은 것 좀 추천해주실래요?"/ "이직을 하려고 하는데 추천서 좀 써주시겠어요?"

- **소개:** 정보, 조언, 서비스 등이 필요한 사람에게 누군가를 연결해주는 것. 예) "전 직원이 참여하는 연례 회의를 계획하고 있어요. 리더십, 팀 역학, 경력 개발 등의 주제에 정통한 전문가를 소개해주시겠어요?"/ "중학생인 제 딸이 학교에서 너무 힘들어해요. 제 생각엔 학습 장애가 있는 것 같아요. 제 딸 문제를 진단해줄 전문가를 소개해주세요."

- **금전적 자원:** 현금, 예산 투입, 대출, 기부, 보조금, 자선 기부금 등. 예) "우리 팀에서 내년 예산 계획을 세웠는데 판매 목표를 달성하려면 작년 예산에서 10퍼센트를 늘려야 합니다. 그래서 여분의 자금처를 찾고 있어요."/ "회사에서 연구나 특허 출원에 관심 있는 직원들을 지원하려고 기금을 조성했습

니다. 대출금이 아니라 보조금이니 훗날 갚을 필요도 없죠. 현재 지원자를 찾고 있어요."

- **인적 자원**: 봉급생활자, 시간제 근로자, 임시 도우미, 인턴, 자원봉사자 등. 예) "생산라인에 2교대 팀을 추가할 예정입니다. 따라서 관련 경험이 있는 신규 인력을 채용해야 합니다."/"팀원 2명이 단기 휴직을 한다고 하니 공석을 채울 임시 직원이 필요합니다."

- **참가**: 모임에 참여하거나 프로그램 및 활동에 참가할 사람을 모집하는 것. 예) "6월에 시행되는 공인재무분석가 1급 시험을 준비 중이야. 시험 대비 스터디에 관심 있는 사람은 알려줘."/"제조공정에서 생기는 제품 결함 문제를 해결하기 위해 대책위원회를 꾸리고 있어요. 동참하시겠어요?"

- **물리적 자원**: 자재, 소모품, 설비 공간, 사무실, 공장, 장비 등. 예) "화학성분 분석을 의뢰하기 위해 외부 업체와 계약을 하려는 참이에요. 혹시 사내에 좀 더 저렴한 비용으로 분석해줄 팀이 있는지 찾고 있어요."/"신입 사원이 늘어서 사무실이 비좁아요. 추가 사무 공간이 필요해요. 모듈식 공간이나 임시 공간도 괜찮아요."

뭐가 필요하든 간에 구체적으로 밝혀라. 그런 다음 '성공 확률을 높이는 스마트SMART 요청법'으로 넘어가라.

3. 시각화하기

나는 수백 명의 사람들과 함께 '빠른 시작법'과 '목표 추진 계획표'를 연습하면서 이 방법들이 무엇이 필요한지를 명확히 드러내는 데 얼마나 효과적인지를 목격했다. 둘 중 하나, 또는 둘 다를 마쳤다면 필요를 부탁으로 전환할 준비가 되었다. 하지만 그전에 목표를 파악할 수 있는 더욱 강력한 접근법이 하나 더 있다. 바로 시각화하기visioning다. 앞의 두 방법보다 시간은 더 걸리지만 시간과 생각을 투자할 가치가 있음을 많은 사람들이 이미 알고 있다.

시각화하기는 자신이 원하는 결과를 스스로 정하는 방법이다. 목표를 어떻게 달성할 것인가(이 부분은 곧 다룰 것이다)가 아니라, 미래에 어떤 모습이 되고 싶은지에 관한 것이다. 목표 선언이나 전략적 계획이 아니다. 짧은 경구나 슬로건이나 구호도 아니다. 어떻게 보면 비전은 이야기다. 환상이나 허구가 아니라, 형상화와 상상을 필요로 한다는 의미에서 그렇다. 무슨 일이 일어나기를 바라는 것이 아니라, 자신이 어떤 일을 벌일지를 분명히 하는 것이다. 보통 비전은 (미래에 관한 것이긴 하지만) 현재 시제로 서술된다. 일이나 사생활, 새로운 프로젝트, 제품 또는 회사 전체에 대해서도 시각화할 수 있다. 나는 가족 휴가, 은퇴 계획 등 거의 모든 것에 대해 시각화를 한다.

일례로 내가 로스 경영대학원의 조직경영학과 학과장이 되었을 때 가장 먼저 한 일은, 5년 후 우리가 꿈꾸는 학과의 비전이 무엇인지 단체로 상세히 쓰게 하는 것이었다. 비전을 세운 분야는 총 네 가지로 훌륭한 연구, 훌륭한 교육, 훌륭한 직장, 적극적인 공동체의 일원이었다.

시각화라는 아이디어와 관행을 처음 떠올린 사람은 미시간대학교 사회연구소Institute for Social Research의 사회과학자 론 리피트Ron Lippitt다. 당시 그는 이 개념을 '원하는 미래 설계법'이라고 불렀다.[9] 론은 수많은 팀들을 연구한 끝에 공통적인 패턴을 발견했다. 문제를 파악하고 해결책을 찾는 데 곧장 뛰어든 팀들은 에너지를 급속히 상실해 결국 큰 진전을 이루지 못한다는 것이었다. 그래서 그는 또 실험을 했다. 몇몇 팀에게 자신들이 원하는 긍정적인 미래 비전을 그려보라고 주문한 것이었다. 미래 어느 시점에 성공을 거둔 자신의 모습(과 성공을 이루는 과정)을 머릿속으로 그리게 했더니 사람들의 활기, 흥분, 동기가 증가했고, 그로 인해 당장의 문제를 해결하고 더욱 의미 있는 진전을 이룰 수 있게 되었다.

나는 또한 비전은 (1) 영감을 주고, (2) 전략적으로 타당하고, (3) 상세히 기록되고, (4) 소통되어야 함을 깨달았다.[10] '소통'은 도움을 청하는 장이다. 목표를 공유해야 성취할 수 있도록 도와달라고 부탁할 수 있다. 사람들은 당신의 목적지가 어디인지 알고 나면 기꺼이 그 여정에 도움을 주려고 한다. 그들이 얼마나 선뜻 아이디어, 조언, 연락처 등 다양한 자원을 제공해주는지 깨달으면 깜짝 놀랄 것이다.

성공 확률을 높이는 스마트 요청법

결혼 10주년을 앞둔 여름이었다. 아내와 나는 유명한 요리사이자 식당 경영자이자 요리책 저자인 에머릴 라가세Emeril Lagasse가 진행하는 요리쇼 〈에머릴 라이브〉의 광팬이었다. 프로그램은 스튜디오에 방청객을 불러놓고 생방송으로 진행되었는데, 앞줄에 앉은 사람들은 에머릴이 요리한 음식을 맛볼 수 있었다.

어느 날 저녁 나는 〈에머릴 라이브〉를 보면서 아내에게 결혼기념일에 무엇을 하고 싶은지 물었다. 그러자 아내는 한 치의 망설임도 없이 〈에머릴 라이브〉 촬영장에 가고 싶다고 했다. 나는 내가 감당하기 힘든 제안을 했나 싶어 침을 꿀꺽 삼켰다. 그 프로그램의 방청권을 얻는 것보다 복권에 당첨되는 게 더 쉬운 일처럼 보였다.

표 두 장을 얻을 가능성이 조금이라도 생기려면 도움을 요청해야 할 터였다.

그런데 어떻게 한단 말인가? 먼저 필요를 부탁으로 탈바꿈하는 작업이 필요했다. 누구에게 도와달라고 부탁해야 할지도 막막했지만, 우선은 어떻게 부탁할지부터 분명히 해야 했다.

훌륭한 부탁문은 '스마트SMART' 조건을 충족하는 것이다. 즉 구체적이고Specific, 유의미하고Meaningful, 행동 지향적이고Action-oriented, 현실적이고Realistic, 시간 제한적Time-bound이어야 한다. 아마 스마트SMART를 구체적이고Specific, 측정 가능하고Measurable, 달성 가능하고Assignable, 현실적이고Realistic, 시간 제한적Time-related이라 정의[11]하는 걸 본 적이 있을 것이다. 하지만 나는 '이유'를 설명해야 부탁에 힘이 실린다는 점에서 'M'을 '유의미한Meaningful'이라고 정의한다. 또한 'A'는 '달성 가능한Achievable'을 '행동 지향적Action-oriented'으로 바꿔 사용한다. 행동을 해야 목표를 달성하거나 앞으로 나가는 데 필요한 자원을 얻을 수 있기 때문이다.

구체적인: 사람들은 가끔 부탁이 광범위하고 일반적이어야 그물이 넓게 펼쳐져서 효과가 좋을 거라고 생각한다. 실은 그렇지 않다. 모호한 부탁보다 구체적인 부탁이 도움을 얻기에 훨씬 유리하다. 세세하게 표현될수록 사람과 정보에 대한 기억을 건드리기 때문이다. 하지만 보편적인 부탁은 그렇지 못하다. 내가 이제껏 들어본 중 가장 모호한 부탁은 내가 진행한 행사에 참석한 한 네덜란드 회사 임원의 입에서 나온 것이었다. 그가 부탁한 건 '정보'였다. 그게 전부였다. 한 단어, '정보' 말이다. 좀 더 자세히 설명해달라고 하자 그는 이렇게 답했다. "달리 설명할 방법이 없군요. 기밀사항이거든요. 전 정보가 필요합니다." 당연한 얘기지만

그는 그날 어떤 도움도 받지 못했다(자신은 여러 사람에게 도움을 주었지만).

유의미한: 왜 그 부탁이 자신에게 중요한가? 자신이 왜 그런 부탁을 하는지 알면 사람들은 더 열성적으로 도와주려 한다. 공감을 하기 때문이다. 그런데 안타깝게도 많은 사람들이 부탁을 하면서 이유를 생략한다. 말을 안 해도 왜 중요한지 당연히 알 거라 짐작하기 때문이다. 하지만 결코 그렇지 않다. 그 부탁이 왜 의미 있고 중요한지 자신에게 설명해야만 한다.

방청권 두 장을 부탁하기로 마음먹으면서 나는 왜 그 방청권이 그토록 의미 있고 중요한지를 설명해야 한다고 생각했다. "에머릴 쇼 촬영장을 직접 볼 수 있다면 정말 감동적일 거예요" 같은 식의 부탁은 마음에 와닿지 않을 것이다. 설득력 있는 '이유'가 포함된 부탁은 사람들의 반응을 이끌어낸다. 에너지와 영감을 주기 때문이다. 사이먼 사이넥Simon Sinek이 말한 것처럼, '이유'는 사람들에게 행동해야겠다는 동기를 불러일으킨다.[12]

어떤 상황에서는 자신에게 의미 있는 것이라는 '이유'만으로는 부족하다. 상사에게 부탁을 한다고 치자. 당신의 부탁이 상사의 목표, 목적, 우선순위와 부합하는가? 당신의 부탁이 조직의 보다 큰 관심사에 부합하는가? 당신이 투자자를 설득해야 하는 기업가라면, 그냥 100만 달러가 필요하다고 말할 게 아니라, 왜 투자금을 구하는지, 어떤 문제를 해결하는 중인지, 왜 당신이 그 문제를 해결할 적임자인지, 왜 그들이 투자해야 모든 관련자에게 이익인지를 설명해야 한다. 어떤 부탁이든 자신에게만 국한시키지 말고 상대의 공감을 얻을 수 있는 '이유'를 제시하라.

행동 지향적인: 부탁과 목표는 다르다. 목표는 궁극적인 상태, 즉 목적지다. 부탁은 목적지로 가기 위한 행동을 하라는 신호다. 사람들은 가끔 목표나 상황을 설명하면 상대가 알아서 행동할 거라고 짐작하는 실수를 저지른다. 하지만 그런 경우는 극히 드물다. 경력 코칭 행사에 참여했을 때다. 한 참가자가 "회계에서 마케팅으로 직종을 변경하는 데 도움"을 얻고 싶다고 말했다. 하지만 그가 무엇을 부탁하는 건지 아무도 알지 못했다. 마케팅 자리를 소개해줄 사람이 필요하다는 건가? 직종 변경과 관련해 조언을 달라는 건가? 수많은 질의응답 끝에야 사람들은 그가 진짜 원하는 게 마케팅 분야에서 일하는 사람과 대화를 나누면서 실제 마케팅 업무가 어떻게 이루어지는지를 파악하는 것임을 깨달았다.

현실적인: 부탁은 클 수도 있고 작을 수도 있지만 어쨌든 현실적이어야 한다. 상대가 부탁을 들어줄 거라는 확신이 들 때에만 부탁을 하라는 뜻이 아니다. 부탁이 전략적으로 타당해야 한다는 말이다. 내가 원했던 〈에머릴 라이브〉 방청권 두 장을 생각해보라. 확률이 아주 낮긴 하지만 불가능한 부탁은 아니었다(하지만 달나라행 티켓 두 장은 비현실적이다).

시간 제한적인: 모든 부탁에는 기한이 있어야 한다. 예를 들어 언제 필요한지도 모르면서 어떻게 방청권 두 장을 구해줄 수 있겠는가? 많은 사람들이 부탁을 하면서 기한을 언급하기를 꺼려한다. 너무 보채는 것처럼 보일까 봐 우려해서다. 하지만 내 경험으로는 근거 없는 두려움이다. 사실 사람들은 기한이 있는 것을 선호한다. 그래야 그 날짜까지 맞출 수 있을지 판단할 수 있으니 말이다. '이번 분기 아무 때나' 또는 '내년'처럼 마감 시점이 모호하면 다들 꼼짝도 하지 않거나 한없이 미루기 마련이다. 반응을 할 만한 동기 부여가 안 되기 때문이다. 상황이 급하면 급하다고 말하라. 설령 급하지 않아도 기한은 구체적으로 밝혀야 한다.

누구에게 부탁해야 할까: 키맨을 찾는 법

무엇이 필요한지 알았고 부탁할 내용도 다듬었다면, 다음 단계는 부탁할 사람을 찾는 것이다. 적임자가 누군지 정확히 알고 바로 부탁할 수도 있지만, 어떨 때는 약간의 발품을 팔아야 한다. 핵심은 '누가 무엇을 아는지'(지식 네트워크)와 '누가 누구를 아는지'(사회적 네트워크)를 파악해서[13] 자신에게 필요한 전문지식이나 자원을 가진 사람, 또는 그런 사람을 알고 있거나 연결해줄 수 있는 사람을 찾는 것이다.

일반적으로 우리는 도움이 필요할 때 지인부터 떠올린다. 물론 좁은 교우 관계로 눈을 돌리는 게 마음은 편하다. 하지만 많은 자원들이 당신의 관계망 바깥에 존재하는 게 현실이다. 그리고 아이디어나 정보의 경우, 좁은 인간관계에만 의존하면 집단적 사고와 동조 현상이 일어날 위험이 존재한다.[14]

지인의 관계망을 벗어나는 게 약간 부담스러울 수도 있다. 저 많은 세상 사람들 중에 내게 필요한 정보나 특정 자원에 접근할 수 있는 사람을 찾으려면 대체 어디서부터 시작해야 하는 걸까? 훌륭한 시작점은 집, 또는 일터와 가까운 곳이다. 사내 인사 프로필과 지식 데이터베이스(회원들이 어떤 전문지식을 가지고 있는지 짧게 요약해놓은 것)를 찾아보거나 동료들의 링크드인LinkedIn 프로필을 검색해보라.[15] 거기서부터 시작해 미국 상무성 산하 국립표준기술원National Institute of Standards and Technology의 제조 혁신 블로그Manufacturing Innovation Blog나 하버드 비즈니스 리뷰Harvard Business Review 블로그와 같은 산업 관련 블로그로 확장해나가도 좋다. 또한 인적자원관리학회Society for Human Resource Management나 국립과학기술의학아카데미National Academies of Sciences, Engineering, and Medicine 같은 전문 기관이나 협회에 연락을 취하는 것도 고려해보라.

일단 당신에게 필요한 것을 가졌다 싶은 사람을 찾으면 연락을 취하라. 그가 당신과 아주 느슨한 관계(친구의 친구처럼)이거나 전혀 모르는 사람이라도 상관없다. 한 전문 서비스 회사의 유럽인 이사가 유럽에서 신규 고객을 유치하려고 준비할 때였다.[16] 그는 사무실 직원들에게 그 고객에 대한 배경 지식이 있는지 물어보았지만 아무도 필요한 정보를 가지고 있지 않았다. 그래서 그는 사내 지식 데이터베이스를 뒤져서 이 고객과 일을 한 적이 있는 호주인 직원을 찾아냈다. 그리고 일면식도 없는 그에게 전화를 했다. 그 호주인은 즉시 부탁에 응했고, 그들은 다음 날 팀 차원에서 전화 회의를 가졌다. 그 유럽인 이사는 이 일을 돌아보며 이렇게 말한다. "정보가 필요하면 시스템에, 그러니까 회사 전체에 도움을 요청하고 회신을 기다립니다. (…) 그러면 시스템에서 답이 옵니다."[17]

예전 동료나 급우, 선생님과 코치, 옛 친구, 심지어 수년 동안 연락하지 않은 페이스북 친구와 같은 휴면 관계도 흔히 간과되는 인맥 자원이다. 소셜미디어 덕분에 한동안 뜸했던 관계도 쉽게 재활성화할 수 있다. 이런 관계는 완전히 새로운 사회적 인맥과 지식 네트워크로 들어가는 문이 될 수 있다. 연구에 따르면 기업 경영진들은 편안하다는 이유로 교류가 활발한 지인들에게 부탁하기를 선호한다. 하지만 휴면 관계야말로 훨씬 가치 있는 도움의 원천이다. 지식과 인맥이 예전만큼 겹치지 않기 때문이다.[18] 그러니 현재 관계뿐 아니라 휴면 관계도 반드시 활용하도록 하라.

이 모든 관계를 다 활용했는데도 여전히 제자리라면 2단계 연결고리로 이동할 때다. 아들이 고등학교 육상부에 들어갔을 때다. 녀석이 원반과 투포환 던지기를 배우고 싶다며 개인 코치를 알아봐달라고 내게 부탁했다. 나는 아는 전공자가 없었다. 하지만 미시간대 여자 크로스컨트리 팀에서 뛰는 5학년 학생이 내 수업을 듣는다는 사실은 알고 있었다. 나는 그 학생이 미시간 팀 원반던지기 선수를 알고 있을지도 모른다고 생각했다. 당장 그녀에게 이메일을 보내 부탁했다. 그로부터 48시간이 지나기 전에 그녀가 최근 대학을 졸업한 전미 대표 원반던지기 선수를 소개해주었다. 일주일 후 그는 내 아들의 코치가 되었다.

혁신 전문가이자 사상 지도자인 제프 드그라프Jeff DeGraff는 아이디어 실험실이자 혁신 기관이자 혁신가 공동체인 이노바트리움Innovatrium에 필요한 자원을 찾기 위해 보통 이 2단계 접근법을 사용한다. 이노바트리움은 사람들에게 프로젝트나 과제에 필요한 다양하고 폭넓은 전문가와 다리를 놔주는 일도 한다. "누가 전문가인지 모를 때도 있죠." 제프가 내게 말했다. "하지만 전문가를 찾으려면 누구에게 물어봐야 하는지는 알아요." 사실 제프와 그의 동료들은 이 방법을 이용해 한 해에 180회 넘게 성공을 거두었다.[19]

한번은 제프가 세계 최대 제약회사가 신약 개발 과정을 재설계하는 일을 도울 때였다. 과정이 엄청나게 복잡하고 관련 규제도 까다로운 일이었다. 제프의 말에 따르면, 이는 "신약 개발 기술의 현주소—이와 관련된 온갖 장애물과 우여곡절—뿐 아니라 그 모든 난관을 우회할 수 있는 새로운 기술과 방법을 이해하는 사람을 찾아야 한다"는 뜻이었다.[20] 그래서 그는 대학 개발실에서 약대 교수들과 일하는 옛 친구에게 전화를 걸어 필요한 자격이 뭔지 정확히 설명해주었다. 옛 친구는 그 즉시 그에게 새로운 화합물을 발견하는 실험법을 알아낸 젊은 칠레 교수를 연결해주었다. 그 칠레 교수는 이노바트리움으로 가서 제약회사의 선임 과학자들과 토론하게 된 것에 대해 더없이 기뻐했다.

직관적으로 봐도 자신이 무엇을 원하는지 많은 사람에게 알릴수록 적임자를 아는 누군가를 찾을 가능성이 높아지는 게 당연하다. 내겐 〈에머릴 라이브〉가 바로 그랬다. 처음에는 누구에게 물어봐야 할지 막막했음을 기억하라. 나는 방청권을 구할 만한 사람은 물론이고 심지어 방청권을 구할 만한 사람을 아는 사람조차 몰랐다! 하지만 곧 절호의 기회가 굴러들어왔다. 10주년을 석달 앞두고 미시간대 경영대학원에서 MBA 신입생들을 위한 사회적 자본 다지기 오리엔테이션을 이끌게 된 것이었다. 행사는 교내 파머필드에서 열렸는데, 550명이 넘는 학생들이 거대한 서커스장 같은 천막에 모여 앉아 대형 광고판으로 송출되는 교수들의 영상을 지켜보았다. 나는 속으로 생각했다. 그래, 꼼짝없이 앉아 있어야 하는 이 거대한 청중에게 내가 무엇을 원하는지 알릴수만 있다면 게임 끝인 거야! 드디어 내 차례가 되었다. 나는 대형 광고판을 통해 우리 부부가 〈에머릴 라이브〉의 광팬이며 어느 날 저녁 방송을 보다가 아내에게 결혼기념일에 뭘 하고 싶으냐고 물었다는 이야기를 들려주었다. 그런 다음 기념일에 〈에머릴 라이브〉를 방청하고 싶다고 밝혔다.

그다음에 일어난 일은 나조차도 믿기 힘들었다. 오후 순서가 진행되는 동안 몇몇 학생이 내게 사람을 소개해주겠다며 찾아왔다. 한 학생은 자신의 친구가 에머릴의 딸과 사귀고 있다며 다리를 놓아주겠다고 했다(사실이었지만 곧바로 두 사람이 헤어지는 바람에 연결은 성사되지 않았다). 또 다른 학생은 자기 부부가 ABC의 〈굿모닝 아메리카〉에서 요리 코너(에머릴이 가끔 진행자로 등장한다)를 담당하는 프로듀서와 친구라고 했다. 결국 그 학생이 그 프로듀서와 나를 이메일로 연결시켜주었고, 프로듀서는 우리가 에머릴을 직접 만날 수 있도록 흔쾌히 약속을 잡아주었다.

우리는 디트로이트에서 뉴욕으로 날아갔다. 호텔에서 하룻밤을 묵은 뒤 다음 날 아침 ABC 스튜디오로 택시를 타고 달려갔다. 그리고 촬영장에서 에머릴을 만났다. 정말 기쁘게도 그는 친절하고 편안한 사람이었다(게다가 우연찮게 게스트로 출연한 여배우 글랜 클로스도 잠깐 볼 수 있었다). 나는 속으로 생각했다. 그래, 〈에머릴 라이브〉를 직접 본 건 아니지만 이 정도면 소원을 이룬 셈이지. 그렇게 스튜디오를 떠나려는 찰나, 에머릴의 프로듀서가 우리를 멈춰 세웠다. 그녀의 손에는 그날 저녁 촬영되는 〈에머릴 라이브〉의 VIP 방청권이 들려 있었다. 그리하여 우리는 촬영장

구경은 물론, 에머릴의 방청객으로도 참여하게 되었다!

이보다 더 좋을 순 없다고 생각하고 있을 때 나는 그날 저녁 방송이 며칠 남지 않은 밸런타인데이 특집이라는 사실을 깨닫고 방청 중간에 반지를 선물해 아내를 놀라게 해야겠다고 다짐했다. 나중에 알고 보니 그 순간이 카메라에 포착돼 방송으로 나갔다. 그것으로도 모자라 우리가 포옹하는 그 짧은 영상은 2년 연속 〈에머릴의 밸런타인데이 쇼〉의 예고편으로 쓰였다.

더할 나위 없이 완벽한 결혼기념일이었다. 게다가 이 에피소드는 부탁만 했을 뿐인데 얼마나 놀라운 일이 벌어지는지를 보여주는 완벽한 사례이기도 하다.

하지만 나처럼 인맥이 좋은 수백 명의 MBA 학생들 앞에서 발언할 기회가 없다면 어떻게 해야 할까? 장담컨대 당신에게도 관계가 잘 다져진 모임이 있을 것이다. 정기회의에서 도움을 요청하거나 소속된 공동체에서 얘기를 꺼내도 좋다. 게다가 다행스럽게도 우리는 디지털 기술을 이용해 수많은 대중과 만날 수 있는 시대에 살고 있다. 쿼라Quora(일반 대중용, 모든 주제를 다룬다)나 스택익스체인지Stack Exchange(프로그래머와 소프트웨어 개발자용) 같은 질의응답 사이트도 여기에 해당한다. 넥스트도어Nextdoor(이웃을 기반으로 하는 소셜 네트워킹 플랫폼), 태스크래빗TaskRabbit(일상 업무에서 도움을 주는 온라인 장터), 홈어드바이저HomeAdvisor(엄선된 주택 개조 및 유지 관리 전문가를 찾아주는 디지털 장터), 업워크Upwork(웹디자인, 카피

라이트, 프로그래밍 작업처럼 프리랜서 서비스를 위한 글로벌 장터)를 비롯해 기타 전문지식과 서비스를 제공하는 수많은 포털과 같은 플랫폼도 있다. 게다가 대부분의 회사들이 야머Yammer, 자이브Jive, 슬랙Slack, 채터Chatter와 같은 메시징 플랫폼을 제공하고 있어서 한 번에 많은 동료에게 접근하기 쉽다(모임이나 회사가 작을 때. 또는 안심하고 부탁할 수 있는 긍정적 사내 문화가 자리 잡고 있을 때 작동이 가장 잘된다).

다음 장에서는 꽤 유용한 협업 기술 플랫폼 및 도구들에 대해 좀 더 소개하겠다.

언제, 어디서, 어떻게

필요한 것도 정했고, 스마트SMART하게 요청하는 법도 알았고, 부탁할 사람도 찾았다. 이제 실전에 돌입할 차례다. 하지만 먼저 몇 가지를 선택해야 한다. 특정한 사람에게 부탁을 한다고 치자. 회의를 잡을 것인가, 약속을 할 것인가, 무작정 찾아갈 것인가? 문자로 할 것인가, 전화로 할 것인가, 이메일을 보낼 것인가? 이메일과 문자도 나름 괜찮으나 그 효과를 과대평가하기 쉽다. 코넬대와 워털루대 공동 연구진의 조사에 따르면 대면 부탁이 이메일보다 34배나 더 효과적이다![21]

아니면 무작정 그 사람과 부딪혀보는 방법도 있다. 일례로 내가 노스웨스턴대학에서 박사학위를 마친 뒤 취직한 워싱턴 D.C.의 한 경영 컨설팅 회사에서는 간부들과 회의를 잡는 게 하늘의 별 따기였다. 하지만 나는 곧 시간만 잘 맞추면 그중 한 명을 붙잡아서 1층까지 함께 엘리베이터를 타고 내려가는 것은 물론, 주차장까지 함께 걸어갈 수도 있다는 걸 알게 되었다. 그 몇 분 동안 그의 관심을 독점하고 어떤 부탁이든 전달할 수 있는 것이었다.

그러니 대면 요청은 빠르고 격의 없고 가벼워도 괜찮다. "저기요, 여쭤볼 게 있는데요?" "잠시 얘기 좀 나눌 수 있을까요?" "어디로 가야 X를 찾을 수 있나요?" 물론 기업가가 투자자를 설득할 때처럼 격식을 갖춰 발표해도 좋다. 또는 관리자가 예산안을 공식적으로 제출할 때처럼 서면 보고서 형태도 괜찮다. 아니면 그 중간도 상관없다. 요청을 하는 것은 과학보다는 기술에 가깝다. 어떻게, 어디서, 언제 할지는 본인 뜻대로 결정하면 된다. 다음은 자신의 상황, 요청 사항, 부탁할 사람이나 모임에 맞추어 적용할 수 있는 몇 가지 지침이다.

어디서

- 타깃의 의사소통 방식과 미디어 선호도에 맞추어라. 그 사람이 구두와 서면 중 어떤 소통 방식을 선호하는가? 구두를

선호하면 대면 소통, 전화 통화, 화상 회의 중 무엇을 선호하는가? 서면을 선호하면 문자, 이메일, 링크드인, 보고서 중 무엇을 선호하는가?

언제

- 그 사람이 당신의 요청에 귀 기울이고 심사숙고할 수 있을 때 부탁하는 게 좋다. 예를 들어 그 사람의 상황, 맡은 일, 업무량을 세세하게 고려하라. 스트레스를 받고 있거나, 마감이 코앞이거나, 사적으로 힘든 일을 겪고 있으면 상황이 나아질 때까지 기다려라.

어떻게

- 스마트SMART한 기준에 맞춰라. 구체적이고Specific, 유의미하고Meaningful, 행동 지향적이고Action-oriented, 현실적이고Realistic, 시간 제한적Time-bound으로 기술하라. 간략하게라도 각 요소를 반드시 포함시켜라.
- 직접적이고 진솔한 태도를 취하라. "이런 부탁을 드려 죄송한데요…"처럼 사과로 시작하지 마라. 부탁을 과소평가하면 안 된다. 진짜 1분밖에 안 걸릴 때에만 "1분이면 되는데요…"라고 말하라. "이게 다 당신을 위한 거예요. 그러니까 제 부탁 들어주실 거죠"처럼 심리적 술수는 부리지 않는 것이 좋다.

- 상대방의 반응이 부정적이고 무례해도 우아하게 거절을 받아들여라.
- 반응이 긍정적이면 감사의 마음을 표현하라.
- 도움을 받았다면 추후 결과를 상대방에게 알려서 일을 마무리 지어라. 어떤 결과나 성과를 얻었는가?

거절을 딛고 다시 부탁하기

1장에서 본 것처럼 사람들은 부탁을 받으면 생각보다 긍정적인 반응을 보인다. 하지만 가끔 거절을 하기도 한다. 그럴 땐 어떻게 해야 할까? 그리고 '싫다'라는 대답이 정말로 의미하는 것은 무엇일까?

차기 빌 게이츠를 꿈꾸던 중국 베이징 출신의 젊은 이민자 지아 장의 이야기를 들어보자. 그는 스타트업을 창업해 차세대 킬러 앱을 만들겠다는 포부를 품고 30세에 《포춘》 500대 기업의 고액 연봉 일자리를 박차고 나왔다.[22] 그리고 평생 모은 돈을 쏟아부어 소프트웨어 엔지니어를 고용하고 시제품을 만들기 시작했다. 하지만 4개월 만에 자금이 바닥나고 말았다. 고민하던 그는 전에 관심을 살짝 보였던 투자자에게 투자를 요청했다. 얼마 지나지 않아 이메일이 날아왔다. 투자자는 끝내 흥미를 보이지 않았다. 그의 대답은 '싫다'였다.

지아 장은 거절을 당한 것에 충격을 받아서 그냥 그대로 일을 강행하려고 했다. 다른 투자자가 널렸다는 건 알았지만 자기의심과 불안이 너무 커서 또다시 거절당할까 봐 두려웠다. 그러다 이윽고 거절에 대한 두려움이 거절의 쓰라린 고통보다 더 해롭다는 것을 깨달았다. 그는 두려움을 극복하기 위해 '100일간의 거절'이란 여정에 올랐다. 100일 동안 하루도 빠짐없이 바보 같고 우스꽝스럽고 터무니없는 부탁을 하는 것이었다. 고소공포증을 극복하기 위해 스카이다이빙을 하거나 엠파이어스테이트 빌딩 꼭대기에 올라가는 것처럼, 100번 정도 당하면 거절에 둔감해질 것이라고 생각해서였다(이 이야기는 그의 책《거절당하기 연습Rejection Proof》, 또는 그의 블로그 '100일의 거절 테라피100Days of Rejection Therapy'에서 접할 수 있다).

첫날, 그는 처음 보는 사람에게 100달러를 빌려달라고 부탁했다. 대답은 '싫다'였다. 두 번째 날에는 파이브가이즈에서 공짜로 "햄버거를 리필"해달라고 부탁했다. 이번에도 대답은 '싫다'였다. 요약하자면 실험은 대성공이었다. 그의 바람대로 100가지 부탁 대부분이 거절당했다.

또한 그는 그 과정에서 몇 가지 사실을 깨달았다.[23] 첫 번째는 '싫다'에는 대개 다음번에 부탁할 때 좀 더 다듬어서 성공 가능성을 높일 수 있는 정보가 들어 있다는 것이었다. 지아는 첫 번째 거절을 당한 뒤에 그저 "왜요?"라고 묻는 것만으로도 '싫다'를 '좋다'로 바꿀 수 있음을, 적어도 '좋다'는 답을 받아낼 만한 정보를 조금이라도 얻을 수 있음을 알았다.

하루는 그가 장미나무 한 그루를 사서 낯선 사람의 현관문을 두드렸다. 그리고 주인에게 마당에 공짜로 나무를 심어주고 싶은데 괜찮겠냐고 물었다.[24] 주인은 싫다고 답했다. "그렇군요." 지아장은 말했다. "그런데 이유가 뭔지 물어봐도 될까요?" 알고 보니 그를 믿지 못해서거나, 부탁이 황당해서가 아니었다. 단지 반려견이 망칠 게 뻔해서 마당에 꽃을 심지 않는다고 했다. 그러더니 남자는 길 건너 이웃이 꽃을 좋아하니 그리로 가보라고 권유했다. 그는 이웃에게 같은 부탁을 했고 그 집 주인은 승낙한 것은 물론, 뜻밖에 장미나무라는 선물을 받고서 진심으로 기뻐했다.

또한 그는 거절이 개인적 차원이 아님을 깨달았다. 거절은 하나의 의견일 뿐, 아이디어의 가치에 대한 객관적인 진실이 아니다. 사실 거절은 부탁하는 사람보다 거절하는 사람에 대해 더 많은 것을 말해주는데, 대개는 '싫다'는 대답 뒤에 어떤 이유가 숨어 있는지 알지 못한다. 알고 보면 도와주고는 싶지만 능력이 안 되어서였을 수도, 타이밍이 좋지 않았을 수도 있고, 그저 그날 일진이 나빠서일 수도 있다. 게다가 거절은 주관적인 판단이기 때문에 잘못됐을 가능성이 높다. 일례로 조앤 K. 롤링이 쓴 《해리 포터》가 열두 번이나 출판사에서 문전박대당했다는 걸 아는가?[25]

롤링을 비롯한 수많은 유명 작가, 화가, 발명가의 작품과 아이디어가 번번이 거절을 당하다가 받아들여진 것처럼, 지아 장은 거절이 동기를 부여해주고 필요한 것을 얻을 때까지 계속 부탁하게 만드는 강력한 원천이 될 수 있음을 깨달았다. 이제 당신이 도전할 차례다.

도움을 부탁하는 게 쉬운 사람은 많지 않다. 부탁은 배워야 하는 행동이다. 부탁을 하려면 세 단계가 필요하다. 첫 번째, 목표와 필요를 정한다. 두 번째, 필요를 잘 짜인 부탁의 표현으로 바꾼다. 세 번째, 누구에게 (그리고 어떻게) 부탁할지 파악한다. 목표와 필요를 정하기 위해선 다음 세 가지 방법 중 하나(또는 전부)를 사용하면 된다. 빠른 시작법, 목표 정하기, 시각화하기.

일단 뭐가 필요한지 찾고 나면 스마트SMART(구체적이고, 유의미하고, 행동 지향적이고, 현실적이고, 시간 제한적인)한 기준에 맞춰서 필요한 내용을 효과적인 요청문으로 표현하라. 누구에게 부탁할지를 알아내려면 "누가 무엇을 아는지" 또는 "누가 누구를 아는지"를 알아야 한다. 잘 모르겠면 주소록, 프로필, 약력 등을 참고해 휴면 관계인 지인에게 연락하거나 건너 아는 사람을 찾아보라. 마지막으로, 대면으로 또는 소셜미디어나 소셜네트워킹 사이트를 통해 필요한 바를 널리 알려도 좋다. 그리고 기억하라. 거절은 단지 하나의 의견일 뿐이고, 그 의견은 바뀔 수도 있다는 것을. 즉 방법만 찾으면 '싫다'를 '좋다'로 바꿀 수 있다.

1. 다음 중 어떤 방법이 나에게 맞는가? 빠른 시작법, 목표 설정하기, 시각화하기?

2. 어떤 목표를 선택했고, 그 이유는 무엇인가?

3. 어떤 부탁을 했는가? 지침은 따랐는가?

4. 당신의 부탁에 대해 상대는 어떻게 답했는가? 그 이유는 무엇인가?

5. 거절당했다면 어떻게 해야 '싫다'를 '좋다'로 바꿀 수 있을까?

6. 자신이 깨달은 바를 믿을 만한 친구, 동료 또는 조언자와 공유하라.

7. 미래에 대한 가슴 설레는 비전이 없다면 비전을 쓰는 것부터 시작하라. 원하는 인생을 살 수 있는 가장 확실한 방법 중 하나다.

8. 무슨 부탁을 해야 할지 몰라 제자리걸음이라면 언제든 이번 장으로 돌아와 참고하라.

5장

당신의 팀은
얼마나 안전한가

나는 노스웨스턴대학에서 박사학위를 딴 뒤 경영대학원 교수직으로 직행하지 않았다. 그보다는 워싱턴 D. C.에 있는 경영 컨설팅 회사에서 대리로 일하며 실전 경험을 쌓는 길을 택했다. 그리고 회사에서 몇 년 동안 일하다가 경영 파트너이자 부사장 자리까지 올랐다. 그 회사에 대해 말하자면, 빠르게 돌아가고 기대치가 높고 근무 시간도 긴 그런 곳이었다. 팀의 좌우명이 준비, 조준, 발사가 아닌가 싶을 정도였다. 우리는 팀을 꾸려 새로운 프로젝트에 착수할 때마다 곧장 업무에 뛰어들었다. 팀원들을 알아가거나 긍정적인 규범 및 습관을 다질 여유가 없는 사람들처럼 움직였다. 결과는 좋게 말해 그때마다 달랐다. 어떨 땐 성공적이었다. 하지만 대부분 실패했고, 그럴 때마다 팀원들은 낙담하고 의기소침해졌다.

당시에 나는 안 맞는 사람들이 섞여서 나쁜 화학 작용을 일으키는 바람에 실패했다고 생각했다. 하지만 지금은 시작이 너무 성급했던 게 주된 원인이라는 걸 알고 있다. 새로운 프로젝트를 시작할 때 팀원들은 엄청난 스트레스를 받는다. 그래서 모두 문제를 해결하고 결과를 내기 위한 충분한 준비나 생각도 없이 서두른다.[1] 그것이 먼저 적절한 업무 환경을 마련하는 게 그토록 중요한 이유다.[2]

환경을 마련하는 데는 주고받음에 대한 규범을 확실히 정하는 것도 포함된다. 고성과 팀이 되느냐 마느냐는 아이디어와 지식의 자유로운 흐름, 협력을 통한 문제 해결, 상호 원조와 지원에 달려 있다. 그러므로 팀원들이 도움이 필요할 때 언제든 부탁할 수 있도록 규범을 분명히 세워야 한다. 신박한 제안, 숙련된 팀원들의 조언, 문제 해결이나 장애물 제거부터 과도한 업무에 대한 지원, 외부 인력 및 자원 제공 등 도움의 종류는 다양할 수 있다.

이번 장에서는 사람들이 편히 질문하도록 만드는 팀 규범 및 일과를 어떻게 설정하는지에 대해 설명하려 한다. 그런 다음 크고 작은 팀 안팎으로 지식, 아이디어, 자원이 원활히 흐르도록 보장하는 도구를 몇 가지 제공할 것이다. 이 도구들은 구글, 네이션와이드 인슈어런스, 사우스웨스트항공, DTE에너지와 같은《포춘》500대 기업부터 IDEO, 멘로이노베이션스와 같은 중소기업, 디트로이트미술관, 긍정조직센터, 두썸싱(DoSomething.org)과 같은 비영리단체까지 모든 조직에서 강도 높은 테스트를 거치며 검증된 것이다. 모든 산업, 모든 유형의 회사, 모든 형태와 크기의 팀에 적용 가능하도록 설계된 도구다.

하지만 설명을 이어나가기 전에, 아무리 효과적인 도구라도 모든 상황에 적용되는 만능 해결책이 될 수 없음을 아는 게 중요하다. 팀마다 그들의 필요, 문화, 사람에 맞게끔 이 도구들을 조정하고 바꾸고 맞추어야 한다. 또한 효율적인 팀의 요구 조건을 전부 충족시키지 못한다는 점도 유의하라.[3] 하지만 한 걸음 앞서 출발하도록 도울 순 있을 것이다.

마지막으로 이런 도구 및 일과를 최대한 활용하려면 학습 지향적 태도가 필요하다.[4] 새로운 기술, 아이디어, 도구를 배우겠다는 열의를 가지고, 동시에 경험으로부터 배우고자 하는 열린 자세를 가져야 한다는 뜻이다. 그러므로 학습 지향적 태도란 도중에 실수나 불발이 있을 것을 알면서도 기꺼이 실험하는 것을, 또한 회복 탄력적이고, 넘어져도 다시 일어나고, 실수나 실패에도 좌절하지 않는 것을 의미한다. 물론 이런 전략과 도구만으로 팀이 성공하리라고 보장할 순 없다. 하지만 성공할 수 있는 발판은 마련할 수 있다.

팀의 성공을 위한 업무 환경 마련하기

환경을 마련하면 팀원들이 마음 편히 문제를 제기하고, 자신의 실수에 대해 솔직하게 털어놓고, 좋은 소식과 나쁜 소식을 공유하고, 필요한 것을 달라고 부탁하고, 다른 사람을 도와줌으로써 보답하는 분위기가 만들어진다. 이 모든 것은 적합한 사람을 선택하는 것에서 시작한다.[5]

팀에 적합한 사람 선택하기

팀원을 선택할 때 보통은 기술, 업무 경험, 성과와 같은 인적 자본, 즉 회사 인사 데이터베이스, 이력서 또는 링크드인 프로필에 담기는 정보 유형을 강조한다. 물론 이런 것들도 중요하다. 당장 처리해야 하는 업무에 적합한 기술, 재능, 강점, 경험을 갖춘 사람이 필요할 테니 말이다. 하지만 편하게 도움을 요청할 수 있는 관대한 기버도 필요하다. 즉 타인의 안녕에 관심을 보이고, 돕고자 하는 성향을 지녔으며, 필요하면 기꺼이 부탁할 수 있는 사람을 찾아야 한다.

기버-리퀘스터를 찾으려면 채용 면접을 할 때 3장의 평가서에 실린 질문을 포함시키면 된다. 또는 사우스웨스트항공에서 사용하는 채용법을 채택하거나 응용하는 방법도 있다. 긍정적인 직장 문화로 유명한 사우스웨스트는 현재 미국에서 가장 큰 국내 항공사다.[6] 그러다 보니 지원자가 앞다투어 몰려든다. 하루에 평균 960개의 이력서가 도착하는데 그중 2퍼센트만 고용된다.[7] 사우스웨스트는 채용 시 '가치관 중심 고용'을 강조한다. 여기엔 '봉사자의 마음'도 포함되는데, 부사장이자 최고 인사 책임자인 줄리 웨버Julie Weber는 이를 "다른 사람을 우선시하고, 모든 사람을 존중하며, 고객에게 능동적으로 봉사하는 태도"라고 설명한다.[8] 사우스웨스트는 가치 채용을 말로만 떠들지 않고 면접 때 "동료들이 잘되도록 돕기 위해 자기 일이 아닌데도 나선 경험이 있다면 설명해주시겠습니까?"와 같은 질문을 던져 실제로 확인한다.[9]

나는 여기에 다음과 같은 질문을 덧붙이라고 제안하고 싶다. "곤란한 일이 생겨서 도움을 청했던 경험이 있다면 말해주시겠습니까?" 이때 대답 대신 멍한 시선만 돌아온다면 중요한 사실을 확인한 것이다! 일단 팀에 적합한 직원을 뽑았다면 다음은 도움을 청하고 받는 것이 규범이 되는 문화를 만드는 과정에 돌입해야 한다.

심리적 안전감 다지기

간호사와 호흡기 전문의가 투약 실수나 기타 우려스러운 문제들을 보고도 지적하지 않는다면 어떻게 될까? 아마 환자는 죽을 것이다. 과장된 상황처럼 들리겠지만 담당 의사에게 직언하거나 질문하거나 반대하면 불이익을 당할 수 있는 의료팀에서는 투약 실수가 훨씬 자주 일어난다.[10] 하지만 의사가 포용적이고, 타인의 의견과 질문을 환영하고, 소신 발언을 고마워하는 경우에는 (의사가 아닌) 의료 전문가들이 목소리를 내기 훨씬 쉽다.[11]

대부분은 그 정도로 상황이 심각하진 않다. 하지만 팀에 심리적 안전감이 부족하거나 "대인관계에서 위험을 감수해도 안전한 팀이라는 공통된 믿음"이 없다면 팀원들은 도움이 필요해도 부탁하면 안 된다고 느끼기 마련이다.[12] 카일(가명)은 어렵사리 이 점을 깨달았다.[13] 경력이 풍부한 기금 모금자인 그는 유명 비영리 단체의 모금 팀에 채용되어 제안서를 쓰고 대규모 보조금을 집행하는 일을 맡았다. 새 직장의 모금 방식에 대해 배울 게 산더미였지만 그는 빨리 배웠고 필요할 땐 도움을 요청했다. 모든 일이 순조롭게 돌아가는 것 같았다. 그런데 첫해 성과 평가 자리에서 관리자로부터 한소리를 듣고서는 깜짝 놀랐다. "제안서 일을 도와달라고 부탁하는 사람이 점심은 왜 먹고 정시 퇴근은 왜 하나?" 카일은 생각했다. "그래, 다시는 도와달라고 부탁하나 봐라. 질책만 받는데 뭐 하러 부탁을 해?" 그때부터 카일은 오전 8시부터 오후 4시 30분까지 화장실에 갈 때만 빼고 내내 컴퓨터 앞에 앉아 있었다. 점심시간에도 쉬지 않았다. "심지어 제안서 마감이 4~5건이 잡힌 날, 동료들이 시간만 축내고 있는 게 보여도 도움을 청하지 않았어요."

그러다 곧 카일은 깨달았다. 상사의 발언이 조직 문화에 만연한 집단적 태도에서 비롯되었다는 사실을 말이다. 이를테면 직원 회의에서 질문을 하거나 문제를 제기해야 할 때면 모두가 꿀 먹은 벙어리가 되었다. 그가 말했다. "표정, 소리, 단어에서 우리가 하는 말이 중요하지 않다는 느낌을 받을 수밖에 없었어요." 직원 회의는 일방적으로 정보를 떠넘기는 자리나 마찬가지였다. 사람들이 의견을 밝히는 걸 불안해했기 때문이다.

심리적 안전감은 부탁하고 베풀고 받는 문화를 만드는 데 필수적인 요소다. 심리적으로 안전하다는 느낌이 들어야 앞길이 막혀서 도움이 필요할 때, 또는 실수를 해서 바로잡아야 할 때, 업무량이 많아서 허덕일 때 도움을 부탁할 수 있다. 사실 구글에서 실시한 연구도 대개 심리적 안전감이 팀의 효율성에 핵심 열쇠라는 것을 보여준다.[14] 물론 신뢰성(탁월한 수준으로 제 시간에 일을 끝내는 것), 구조 및 명확성(분명한 역할, 계획, 목표), 의미(일이 개인적으로 중요한 의미를 지니는가), 영향(팀의 업무가 긍정적인 변화를 만드는가) 같은 다른 요소들도 중요하다. 하지만 자사 팀들을 대상으로 한 포괄적인 연구를 통해 구글의 연구원들은 심리적 안전감이 단연코 팀의 성공에 가장 중요한 요소라고 결론지었다.

당신의 팀은 얼마나 안전한가? 실수를 하면 질책을 받는가? 비난이나 비웃음을 살까 봐 겁내지 않고 편하게 도움을 청할 수 있는가?

심리적 안전감을 수치로 확인하고 싶으면 부록에 실린 간단한 평가지에 도전해보라. 이 진단법은 팀의 심리적 안전감에 관한 연구 분야를 개척한, 하버드 경영대학원 교수 에이미 에드먼드슨Amy Edmondson이 개발한 것이다. 혼자서 평가해도 좋고, 믿을 만한 동료에게 함께 하자고 요청해도 좋다. 평가 데이터를 얻었다면 이 장으로 돌아와 심리적 안전감을 개선할 수 있는 실행 계획이 무엇인지 알아보라.

일에 곧장 뛰어들기 전에 시간을 내서 팀 내 환경을 마련하는 것이 심리적 안전감을 다지기 위한 핵심 열쇠다. 새로 만들어진 팀이라면 사람들에게 개인적으로 서로를 알아갈 시간을 충분히 확보해주어야 한다. 원거리에서 일하는 사람이 있다면 스카이프Skype, 줌Zoom, 구글행아웃Google Hangouts, 또는 기타 화상회의 플랫폼을 이용하라. 서로의 얼굴을 보는 단순한 행위가 그들의 경험을 개인적인 것으로 만들어줄 것이다.

무슨 이야기를 해야 할지 막막하다면 '포드FORD(가족Family, 직업Occupation, 취미Recreation, 꿈Dreams)'를 지침 삼아 대화를 이끌어나가라. 돌아가면서 각 주제에 대해 이야기하고 다른 사람들이 후속 질문을 할 수 있도록 시간을 충분히 주어라. 이 훈련은 발표가 아니라 대화여야 한다. 팀 리더가 제일 먼저 질문을 하거나 개인적인 정보를 공유해서 시범을 보여주는 것도 좋다. 나 같은 경우엔 서먹서먹한 분위기를 풀기 위해 "사람들이 당신에 대해 잘 모르는 사실이 있으면 말해주시겠어요?"("참고로 합법적인 것만요"라고 덧붙이면 열이면 열 웃음을 터뜨린다)라고 자주 묻는다. 모든 팀원이 열린 마음과 나눔의 정신으로 대화에 임하면 팀의 화합, 정신, 심리적 안전감에 확실히 투자를 한 셈이다.

이 시간을 활용해 팀 리더가 심리적 안전감의 중요성과 편히 도움을 청하고 베푸는 행위를 규범화하는 것에 대해 강조하고 논의하는 것도 좋다. 또한 목적을 이루기 위해 어떤 도구를 사용할지를 결정할 수도 있다. 이때 팀 리더가 선택을 강요해서는 안 된다. 그보다는 팀이 각 도구에 대해 논의하고 무엇이 그들에게 적합한지 합의해야 한다.

구글은 올바른 환경을 마련하기 위해 가끔 '프리모텀premortem'을 사용한다.[15] 프리모텀('사전 부검'이라는 뜻)은 게리 클라인Gary Klein이 처음 만든 경영 관행으로, 이름은 불길하게 들리지만 사실은 팀이 임무를 해내는 데 도움을 주는 긍정적 관행이다. 구글의 한 고위 간부가 설명한 바에 따르면, 프리모텀은 프로젝트를 시작하기 전에 팀원들을 불러 모아서 실패할 수도 있는 모든 요소를 브레인스토밍하는 것을 의미한다. 이 같은 프리모텀은 사람들에게 일종의 해방감을 준다. 사람들에게 자유로이 질문을 던지고, 문제에 대해 토론하고, 프로젝트가 잘못된 방향으로 가면 꼭 지적해야겠다는 생각을 심어주기 때문이다. 나는 프리모텀에 '프리비탐previtam'(탄생 이전)을 결합시키는 걸 좋아하는데, 이것은 팀에게 성공하면 어떤 모습일지 떠올려보도록 돕는 신속한 훈련법으로 진행 중인 프로젝트와 팀 모두에 일반적으로 사용된다.

세계적인 디자인 회사 IDEO는 탄탄한 '조력 문화'로 유명하다.[16] IDEO의 학습개발부 수석 글로벌 디렉터인 헤더 커리어 헌트Heather Currier Hunt가 관찰한 바에 따르면, IDEO에 조력 문화가 있는 건 정확하게는 도움을 부탁하는 문화가 있기 때문이다. 그 문화의 중심에는 그들이 '비행flights'이라 부르는 절차가 있다. 당면 프로젝트가 단기든 장기든, 고객을 대면하든 하지 않든, 기술적이든 예술적이든, IDEO의 모든 팀은 팀 전체에 걸쳐 분명하고 효과적인 소통과 협업을 일구기 위해 정기적으로 이 3단계 과정을 이용한다.

첫 번째인 '비행 전 단계'는 환경을 마련하는 시간으로, 희망사항과 두려움에 대해 논의하고, 도움을 부탁할(그리고 베풀) 수 있도록 규범을 정하고, 책임·일정·경험치 등과 관련해 기대치를 설정하는 단계다. 신규 팀원은 이렇게 말할지도 모른다. "저는 이 주제에 대해 잘 모릅니다. 그러니 학습 모드로 임할게요. 배우는 동안 인내심을 가지고 저를 가르쳐주셨으면 합니다. 질문을 엄청 할 테니 도와주셔야 합니다!" 또 다른 사람은 이렇게 말할 수도 있다. "집에 어린애가 있어서 매일 4시 30분에 퇴근해야 하지만 일할 때만큼은 어떤 일이 있어도 올인할게요." 헤더의 말에 따르면, '비행 전 단계'를 거치면 팀과 개인 차원에서 성공적으로 일하려면 무엇이 필요한지를 분명히 알 수 있다.

'비행 중 단계'는 이름에서도 알 수 있듯이 업무 중간에 진행 상황을 확인하는 시간이다. "의무적으로 팀이 어떻게 돌아가고 있는지 이야기하게 만들죠." 헤더는 이렇게 말한다. 물론 팀원들이 비행 내내 도움을 요청하는 게 이상적이긴 하지만 이들은 이 단계에서 팀의 진행 상황을 검토하고, 어떤 자원이 추가적으로 또는 새롭게 필요한지 파악하고, 도움을 부탁하고 베푸는 것과 관련한 규범과 기대를 재차 확인한다. 또한 뭐가 작동하고 작동하지 않는지를 돌아보고 필요하면 조정하기에도 좋은 시간이다.

'비행 후 단계'는 팀 작업이 끝난 이후에 이루어진다. 이 단계는 헤더의 말에 따르면, "카타르시스, 축하, 종합"의 시간이다. 다른 환경에서는 "사후 검토", 또는 검시라고 부를 수도 있다. 표현이야 어떻든 간에 이 단계에서는 학습한 것들을 논의하고, 어떻게 하면 더 잘할 수 있었는지에 대해 피드백을 주고받는다.

일이 계획대로 진행되지 않았을 경우 비행 후 토론이 불편할 수도 있다. 제대로 진행되었을 경우에는 빨리 다음 프로젝트로 넘어가고 싶은 열망 때문에 '비행 후 단계'를 서두를 수도 있다. 하지만 시간을 갖고 팀이 '주고받음의 법칙'을 얼마나 잘 따랐는지 고민하고 토론하는 게 중요하다. '비행 후 단계'에 앞서 다음과 같은 질문을 던지며 익명으로 빠르게 설문조사를 하는 것도 도움이 된다. 도움을 부탁할 때 심리적으로 얼마나 안전함을 느꼈나? 팀으로부터 받은 것보다 준 것이 더 많은가? 도움이나 자원이 부족한 사람이 있었는가? 그런 다음 설문조사 결과를 바탕으로 '비행 후 단계'에서 토론을 할 수 있다. '비행 후 단계'는 배움의 장이지, 손가락질하며 비난하는 장이 아니라는 사실을 모두에게 재차 알려주라. 미래에 도움이 되는 교훈을 중점적으로 논의하라. 무엇을 계속 유지해야 하고, 팀이 성공에 필요한 자원을 전부 확보하려면 무엇을 바꿔야 하는가?

리더의 역할

살바도르 살로트-폰스Salvador Salort-Pons 박사는 디트로이트미술관의 이사이자 회장 겸 최고경영자 자리에 오른 뒤 새로운 관행을 도입해 경영진을 깜짝 놀라게 했다. 그것은 바로 '정기적으로 도움을 요청하는 것'이었다. 경영진이 받은 충격에도 불구하고 이 관행은 빠르게 호응을 얻었다. 살바도르 자신이 몸소 실천한 덕이 컸다. "저는 도움과 조언을 구하는 것을 좋아합니다."[17] 그가 나에게 한 말이다. "큐레이터 경력과 경영학 학위가 있기는 하지만, 미술관 운영에 대해선 수박 겉핥기로만 아는 부분이 많거든요. 저는 그 분야의 전문가들을 불러 조언을 구합니다. 제 무지를 드러내는 게 두렵지 않아요. 자신의 무지를 인지했을 때야말로 도와달라고 부탁하기 좋은 적기죠." 그는 이렇게 설명한다.

살바도르의 경험은 중요한 사실을 드러낸다. 팀의 리더가 심리적 안전을 확립하는 데 핵심적인 역할을 한다는 점이다. 리더의 말과 행동이 도움을 청해도 안전하다는 메시지를 전달하지 못하면 도움을 청하는 직원은 극소수에 불과할 것이다. 헤더 커리어 헌트가 내게 설명한 바에 따르면, 그것이 IDEO의 리더가 다음과 같이 말하며 손 내미는 광경을 흔히 볼 수 있는 이유다. "도와줘요! 이 주제에 대해 아는 사람 없어요?"[18] 리더가 모르겠다고 허심탄회하게 인정하고 도움을 요청하는 것이 중요하다.

에이미 에드먼드슨은 말한다. 리더는 "자신이 실수할 수 있음을 인정"하고 "숱하게 질문을 던짐으로써 호기심을 표현하는 본보기가 되어야" 한다. 또한 실수를 정상적 행위로 대하거나, 에이미의 말처럼 "실행이 아닌 학습의 문제로 틀을 짓는" 것도 대단히 중요하다.[19] 실수를 무시하거나 은폐하라는 의미가 아니다. 오히려 그 반대로 학습 과정의 일부로 인정해야 한다는 뜻이다. 뭐가 됐든 비웃음을 사고 비난받을까 봐 두려워하게 되면 실수를 숨길 수밖에 없다. 리더가 사람들이 솔직하게 실수를 털어놓고 문제를 바로잡게 도와달라고 부탁하기를 아무리 원한다고 해도 말이다.

실수를 정상적 행위로 인정하는 것은 특히 스타트업 세계에서 중요하다. 끊임없는 학습과 반복이 꼭 필요한 데다 "빨리 실패하라"가 일종의 주문처럼 통하는 곳이기에 그렇다. 스타트업의 운영 및 인사 분야에서 15년 넘게 잔뼈가 굵었고, 생산성·시간 관리·효율성 전문가인 알렉시스 하셀버거Alexis Haselberger는 불가피한 실수가 발생했을 때 "책임감 있고, 해결할 만한 능력이 있고,

잘 배우는 것"의 중요성을 강조하는데, 그 과정에서 도움을 청하는 것은 필수다(부록에 그녀가 스타트업이나 기성 기업을 막론하고 팀의 책임감과 학습 능력을 키우기 위해 개발한 최고의 실천법이 실려 있다).[20]

좋은 리더는 자신이 무엇을 모르는지 알고 있으며, 그 여백을 채워줄 전문가들을 곁에 둔다. 수십억 달러 규모의 기술 기업인 SAP SE의 최고경영자인 빌 맥더모트Bill McDermott의 말처럼 "모든 리더는 자신의 성공이 최고의 인재를 선택한 데서 비롯됐다는 것을 인지할 줄 아는 겸손함이 있어야 한다."[21] 크리스티나 켈러Christina Keller가 대형 플라스틱 사출 성형을 전문으로 하는 글로벌 제조회사 캐스케이드 엔지니어링Cascade Engineering의 최고경영자가 되고 나서 처음 한 일은 임원진을 평가하고 자신의 강점과 약점을 파악한 다음, 자신의 강점을 강화하고 약점을 보완해줄 사람들을 고용하는 것이었다.[22] 그렇게 함으로써 그녀는 자신이 도움을 구할 수 있는 사내 전문가 네트워크를 만들었다.

이런 통찰력은 두 번째 사실을 강조한다. 도움을 구하는 것은 여름 인턴에서부터 최고경영자까지 모든 직원이 지켜야 할 의무라는 점이다. 나의 저작권 에이전트인 짐 러바인Jim Levine은 에이전시(뉴욕에 위치한 러바인 그린버그 로스탄 저작권 에이전시)의 공동 설립자로서 특별한 운영 철학을 가지고 있다. 그의 철학은 이 책의 메시지를 증명하는 살아 있는 사례로, 에이전시 정책 안내서에까지 명시해서 '도움을 구할 것'을 노골적으로 권하고 있다. "멍청한 질문 같은 건 없다. 언제든 물어봐도 좋다", "누구나 실수하기 마련이다. 실수야말로 배움의 왕도다" 같은 지침들이 모든 직원이 안심하고 도움을 청해도 괜찮다고 느끼는 환경을 만드는 데 일조한다(지침의 전문을 보고 싶으면 부록을 참고하라).

일상적 도구들

팀이 성공하기 위한 발판을 마련했으니 다음 단계에선 부탁을 반복적 일과로, 즉 팀이 일상적으로 실천하는 관행으로 만들 도구를 골라야 한다. 앞에서 언급했듯이, 이 결정은 토론과 합의를 통해 이루어져야 한다.

공식적 즉석 회의

존 클렌데닌John Clendenin이 제록스사의 물류팀 관리자로 부임했을 때만 해도 회사는 개방적이고 협력적인 문화와는 거리가 멀었다. 예를 들어 누군가 난관에 처하거나 문제나 프로젝트 때문에 도움을 필요로 하면 전형적인 관료주의적 틀에 따라 회의 일정을 잡았다. 하지만 달력을 붙잡고 일정을 맞추다 보면 회의가 열리기만을 기다리며 며칠 동안 꼼짝도 못하게 된다. 존은 이런 관행을 바꾸어 '즉석 회의'라는 것을 실행하기로 결정했다. 지금은 팀원이 문제에 봉착하거나, 조언을 필요로 하거나, 브레인스토밍을 원하면 도움이 될 만한 사람들을 소집해 즉석 회의를 연다. 사람들이 부탁을 받자마자 하던 일을 멈추고 옹기종기 모여들 것을 알기 때문이다.[23]

즉석 회의를 이용하면 새로운 관점, 아이디어, 해결책을 얻고 싶을 때 즉각적으로 집단 자원을 활용할 기회를 잡을 수 있다. 임박한 마감일을 맞추거나, 복잡한 문제에서 헤어 나오거나, 교착 상태에 빠진 프로젝트를 밀어붙이는 등 급히 도움이 필요할 때 효과적이다.[24] 그러면 다음 주 회의를 위해 일정을 잡거나 사람들이 이메일에 답을 주기를 기다릴 필요가 없다. 누구에게 물어볼지 시간을 내서 미리 알아볼 필요도 없다. 게다가 한 사람씩 일일이 묻지 않고도 한 번에 여러 사람에게 부탁을 공유할 수 있다.

IDEO에서는 브레인스토밍을 위한 장으로 즉석 회의를 자주 이용한다.[25] 당연히 디자인에는 새롭고 참신한 아이디어를 고안하는 작업이 수반된다. 디자이너가 하는 일은 낯선 영역을 탐험하고 미지의 세상과 일상적으로 마주하는 것이다. 그 과정에서 난관에 봉착하는 건 자연스러운 일이다. 그래서 IDEO에서는 디자이너들이 문제에 부딪히거나 모르는 게 생기면 바로 동료들을 모아 즉석 브레인스토밍 시간을 가지면서 난관을 헤쳐가고 필요한 정보나 통찰을 얻고 문제를 해결할 수 있도록 돕는다.

이름에서 알 수 있듯, 즉석 회의는 비공식적인 회의로 필요할 때마다 소집된다. 하지만 원고를 준비하거나 의제를 설정해서 정기적인 공식 회의처럼 진행할 수도 있다. 이를테면 한 대형 제조 회사에서는 부서장들을 중심으로 안전, 허가, 긴급 의제를 다루는 일간 리더십 회의는 물론, 필요 사항을 요청하고 승낙하는 열린 원탁회의도 시행하고 있다. 앞서 말한 앤아버에 기반을 둔 징거맨 사업공동체에서는 즉석 회의가 조직 문화에서 필수적인 부분을 차지한다. 징거맨에서는 45개가 넘는 팀들이 자발적으로 거의 매주 즉석 회의를 가진다. 진행 시간은 보통 한 시간 미만으로 간단히 분위기 풀기, 한 주 동안 받은 고객 피드백(좋은 것과 나쁜 것 모두)에 대한 토론, 재정 및 운영 결과에 대한 항목별 검토, 문제 해결 및 새로운 임무 위임, 마지막으로 공지 사항 발표 및 감사의 말 등 정해진 순서대로 이루어진다. 회사의 가치관―예를 들어 '전 직원이 회사 운영에 참여한다'―에 부합하기 위해 진행은 간부가 아니라 평직원에게 맡긴다. 즉석 회의는 안심하고 도움을 청할 수 있는 조직을 만들며, 결과적으로 생산성, 문제 해결 능력, 개인 및 조직의 학습 능력을 향상시킨다.

스탠드업 회의

스탠드업 회의는 정보 기술 및 소프트웨어 개발 회사들에서 널리 사용되는 관행으로, 그 밖의 다양한 환경에서도 사용할 수 있는 엄청난 잠재력을 가지고 있다. 스탠드업 회의는 주기적(보통 매일 같은 시간에)으로 열리지만 공식 회의보다는 시간이 짧다.

전형적인 스탠드업 회의에서는 모두가 둥그렇게 서서 돌아가며 간단하게 진행 상황을 업데이트한다(다른 장소에서 근무하는 팀원은 화상으로 참여할 수 있다). 소프트웨어 회사 아틀라시안Atlassian의 팀원들은 이때 세 가지 질문에 답해야 한다. "어제는 무슨 일을 했는가?" "오늘은 무슨 일을 할 건가?" "어떤 문제가 거치적거리는가?"[26] 멘로이노베이션스도 비슷한 방식을 따르지만 한 가지 특별한 질문을 추가하고 있다. 바로 "어떤 도움이 필요한가?"이다. 이 질문을 의식적 절차에 포함시키면 부탁하는 행위가 정상적이고 올바른 행동으로 굳어지므로 사람들이 좀 더 편하게 도움을 요청할 수 있게 된다.

전형적인 스탠드업 회의는 효율적인 의사소통을 권장하고 근무 시간을 지나치게 잡아먹는 것을 막기 위해 보통 15분으로 제한한다. 물론 스탠드업 회의의 시간과 빈도는 모임의 필요성에 따라 다르다. 중요한 것은 스탠드업이 정상적이고 당연한 근무일 과가 되도록 하기 위해 정기적으로 일정을 잡는 것이다.

스탠드업 회의를 소규모의 미숙한 기술 스타트업과 결부시키는 경우가 많은데, 사실 스탠드업 모델은 IT와 소프트웨어 개발 세계를 넘어 다양한 유형의 조직에서도 유용하게 쓰인다. 예를 들어 긍정조직센터의 직원들은 "정보를 공유하고 도움을 주고받기 위해" 매일 스탠드업 회의를 연다고 상무이사 크리스 화이트는 말한다. "부차적으로 팀원들의 관계가 돈독해지는 행복한 결과로 이어지기도 하죠."[27] 팀에 갓 합류한 신입이 스탠드업을 진행하기도 한다. 크리스는 이것이 누구나 리드할 수 있다는 팀의 가치관을 보여준다고 설명한다. 또한 이는 그들이 "팀원에게도 진행 및 리더십의 기회를 제공하고자" 얼마나 애쓰고 있는지를 강조하는 방법이기도 하다.

마찬가지로, 훨씬 큰 규모로 스탠드업 회의를 진행할 수도 있다. 이를테면 《포춘》 100대 기업이자 연매출 460억 달러를 기록한 네이션와이드 인슈어런스의 경우 소프트웨어 개발 및 운영 그룹에 속한 300여 개 팀들이 각자 정기적으로 스탠드업 회의를 연다. 오하이오주 콜럼버스에 있는 네이션와이드 본사를 방문했을 적에 나는 IT 부서 간부인 톰 파이더Tom Paider 와 함께 층층을 돌아다니며 시스템이 어떻게 작동하는지 본 적이 있다. 그 회사의 모든 팀은 작업 흐름을 보여주는 화이트보드 앞에 서서 스탠드업 회의를 진행한다. 이렇게 하면 어떤 일이 진행 중인지, 무슨 일을 해야 하는지, 누가 무엇을 하고 있는지, 누가 도움을 필요로 하는지, 어떤 난관에 봉착했는지 등을 한눈에 볼 수 있다.

네이션와이드는 4단계 관리 시스템을 활용하여 각 단계에서 스탠드업 회의를 진행한다. 단계마다 회의 내용은 다르지만 목적은 같다. 바로 책임, 협업, 절차 개선, 문제 해결이다.[28] 시스템은 다음과 같은 식으로 돌아간다. 일선 직원들(1단계)이 매일 스탠드업 회의를 열어 업무 진행 흐름, 전일 업무, 금일 업무에 대해 논의한다. 풀리지 않는 이슈나 문제가 있으면 다음 단계로 올려 보낸다. 일선 관리자(2단계) 역시 매일 스탠드업 회의를 여는데, 보통 일선 직원들에게 코칭과 피드백을 제공함으로써 최전방 활동의 측정 지표를 검토하고 1단계에서 넘어온 문제나 요청을 해결한다. 여기서도 풀리지 않는 문제가 있으면 임원진(3단계)에게 올려 보내고, 임원진은 이전 단계의 일선 관리자에게 코칭과 피드백을 제공한다. 마지막으로 최고경영진(4단계)이 매주 만나서 전체적인 전략, 트렌드, 지속적인 개선 기회를 검토하고 이전 단계에서 해결하지 못한 난감한 문제들을 처리한다. 다시 말해 이 4단계 시스템의 탁월함은 하위 단계의 팀들이 상위 단계의 팀들에 도움을 요청할 수 있는 메커니즘이 내장돼 있다는 점에 있다.

호혜의 고리

호혜의 고리Reciprocity Ring는 자원이 필요한 사람들이 네트워크를 이용해 쉽게 도움을 받을 수 있도록 유도하는 활동이다(나는 호혜의 고리와 디지털 플랫폼 기비타스를 운영하고 있는 기브앤테이크의 공동 창업자이자 이사회 회원이자 주주다). 전 세계 기업과 대학에서 10만 명이 넘는 사람들이 이 도구를 사용해왔으며, 개인적으로도 구글, 컨슈머스에너지, GM, 모튼솔트, 블루크로스 블루쉴드 같은 곳에서 이 도구를 사용했다. 애덤 그랜트는 IBM, 시티그룹, 에스

티로더, UPS 등에서 사용한 바 있다.[29]

보통 20명에서 24명이 한 그룹이 되어 활동하지만 인원수 제한은 없다. 가장 큰 호혜의 고리 행사는 하버드 경영대학원에서 열린 것으로, 경영대학원생이 900명 넘게 모여 동시에 40개의 호혜의 고리를 실시했다!

약간의 훈련만 받으면 누구나 호혜의 고리(호혜의 고리를 조직하거나 시작하는 법에 관심이 있는 사람은 기브앤테이크 사이트(giveandtakeinc.com)에 접속하기 바란다)를 쉽게 조직할 수 있다. 과정도 간단하다. 하지만 특정 단계를 순서대로 거쳐야 한다. 과정은 보통 다음과 같다. 참가자들이 돌아가면서 자신의 요청 사항을 말한다. 그러면 다른 구성원들이 잠시 멈춰서 어떻게 도울 수 있을지 고민한다. 저 사람이 필요로 하는 자원을 내가 가지고 있는가? 만약 없다면 내 인맥 중에 도움을 줄 만한 사람이 있는가? 전원이 참여한다는 것을 알면 부탁하기가 훨씬 쉬워지므로 한 명도 빠짐없이 부탁을 해야 한다. 부탁은 호혜의 고리에 들어가는 '입장권'이다. 시간이 허락하면 개인적 부탁과 업무 관련 부탁, 이렇게 두 회차에 걸쳐 참여할 것을 권유한다. 주로 개인적 부탁을 하는 회차에서 사람들은 조금씩 마음을 열게 된다. 소소한 인생 이야기를 공유함으로써 직장이 인간화되고 조직 내 의사소통, 협업, 성과가 향상된다.[30] 또한 사적인 문제에서 도움을 받으면 감사하는 마음이 생기고 관계가 돈독해져 훗날 개인적 문제는 물론 업무 관련 부탁을 할 때도 협조를 구하기 쉬워진다.

때로 애덤은 와튼 수업에서 호혜의 고리를 약식으로 변형하기도 하는데, 심지어 〈굿모닝 아메리카〉를 통해 방송을 타기도 했다.[31] 애덤이 '5분의 친절Five-Minute Favor'이라 부르는 이 방법은 호혜의 고리만큼은 강력하지 않지만 입문용으로는 괜찮다. 이 약식 버전은 다음과 같이 이루어진다. 각 참가자가 종이 위쪽에 요청 사항을 쓰고 아래쪽은 비워둔 채 강의실 벽에 붙인다. 모든 사람이 강의실을 돌아다니면서 각 요청 사항을 읽고 자신이 도움을 줄 수 있겠다 싶으면 종이 아래쪽에 이름을 쓴다. 한번은 유명 요리사 데이비드 창을 만나고 싶다는 학생의 요청을 보고 애덤 자신이 이름을 쓴 적도 있다. 알고 보니 애덤의 휴대전화에 그 요리사의 번호가 저장돼 있었다. 그는 그 자리에서 두 사람을 연결해주었다.

나는 호혜의 고리를 시행할 때 말 그대로 뭐든 부탁하라고 강조한다. 4장에서 설명한 스마트(구체적이고, 유의미하고, 행동 지향적이고, 현실적이고, 시간 제한적인) 기준만 따른다면 말이다. '스마트'한 부탁은 식당 추천처럼 소소할 수도 있지만, 말 그대로 진짜 누군가의 인생을 바꿀 만큼 크고 대담할 수도 있다. 1장에서 보았던 크리스티나의 기적 같은 이야기처럼 말이다. 많은 참가자가 들어주기 힘들 거라며 큰 부탁을 하기를 망설인다. 하지만 나는 호혜의 고리를 수백 번 진행하면서 불가능해 보이는 요청이 실제로 이루어지는 경우를 수도 없이 목격했다. 한번은 호혜의 고리 행사에서 마크(가명)라는 참가자가 자신이 태어나자마자 입양되었다고 하면서 친부모님의 성만이라도 꼭 알고 싶다고 털어놓았다. 마크 본인조차 이루기 힘든 부탁이라고 확신하고 있는데 누군가 입을 열었다. 알고 보니 그 역시 입양아였다. 게다가 정보공개청구법Freedom of Information Act을 근거로 정부에 DNA 가계도와 정보를 요청해서 친부모의 성을 찾은 경험도 있던 터였다. 그는 즐거운 마음으로 마크에게 자신의 지식을 나누어주었고 심지어 절차를 밟는 동안 코칭까지 해주었다. 결국 마크는 그토록 찾던 정보를 손에 넣었다. 뿐만 아니라 부탁하기 전까지는 뭐가 가능한지 절대 모른다는 귀중한 교훈을 얻었다.

업무나 사업 관련 부탁은 매번 그만큼 극적이진 않아도 문제를 해결하고 중요한 자원을 얻고 개인이나 팀의 성과를 높이는 데 필수적이다. 예를 들어 어느 회차에 대형 엔지니어링 컨설팅 회사에 다니는 엔지니어가 다평면 렌터카 시설을 3D로 모델링할 수 있는 회사를 추천해달라고 부탁했으며, 또 다른 엔지니어는 회사가 설계하고 건설하는 대규모 프로젝트와 관련해 고품질의 온라인 기술 교육을 받고 싶다고 부탁했다. 두 사람 모두 필요한 도움을 받았다. 남미에서 손꼽히는 자동차 부품 제조사의 한 임원은 잠재적 고객에게 고도로 기술적인 프레젠테이션을 해야 하는데 비슷한 유형의 괜찮은 프레젠테이션 사례가 있으면 배우고 싶다고 밝혔다. 그러자 곧바로 네 사람이 도움을 주겠다고 제안했다.

호혜의 고리의 투자수익률은 인상적이다. 우리는 겨우 24명의 참가자를 데리고 2시간 30분 동안 호혜의 고리를 실시한 뒤 거기에서 제시된 아이디어, 해결책, 소개가 15만 달러에서 40만 달러에 달하는 비용 절감 및 수익 창출 효과를 냈을 뿐 아니라, 무려 1600시간 이상을 절약했다는 계산 결과를 얻었다. 어떤 경우에는 달러 가치가 훨씬 높기도 했다. 앞서 언급한 남미 제조업체의 경우 호혜의 고리 덕분에 얻은 총가치가 천만 달러를 웃돌았다. 큰 조직이 호혜의 고리를 사용할 때 그 이익은 배가된다.

호혜의 고리의 힘은 모든 집단에 숨겨진 자원과 인맥의 깊은 우물을 어떻게 이용하는가에 달려 있다. 근육과 마찬가지로 호혜의 고리는 많이 사용하면 할수록 강해진다. 오랜 시간 활동을 반복하다 보면 긍정적인 반응을 기대하는 법을 배우게 되고, 그로 인해 더 큰 부탁을 할 수 있는 자신감이 생기기 때문이다. 그러면 팀과 개개인에게 돌아가는 이익이 진정한 선순환을 일으켜 기하급수적으로 증가하게 된다.

트로이카와 현명한 군중

나는 가끔씩 MBA 강의실, 워크숍, 기조연설에서 부탁하고 베풀기에 초점을 맞춘 훈련법 두 가지를 사용한다. 이름하여 '트로이카Troikas 컨설팅'과 '현명한 군중Wise Crowds'이다.[32] 트로이카 컨설팅은 팀원이나 동료들 간에 도움과 조언이 자연스레 흐르도록 하는 30분짜리 창의적인 활동이다. 우선 팀을 3인 1조로 나눈다(여기서 딴 이름이다). 그런 뒤 한 명씩 돌아가면서 '의뢰인' 역할을 맡아 1~2분 정도 과제나 프로젝트에 대해 설명하고 도움을 요청한다. 나머지 둘은 '컨설턴트'가 되어 1~2분 동안 질문을 던지고 요점을 파악한다. 그리고 몇 분 동안 실제 컨설팅에서 하는 것처럼 아이디어, 정보, 소개, 조언 등을 제공한다. 이 과정을 두 번 더 반복하면 트로이카의 모든 구성원이 의뢰인이 되어 부탁하고 문제를 해결할 수 있게 된다.

현명한 군중의 구조는 트로이카 컨설팅과 동일하지만 그룹별 규모가 더 크고(4~5명) 단계마다 시간이 더 오래 걸린다. 다른 훈련법과 마찬가지로 팀이나 그룹이 다양하면 다양한 관점, 경험, 지식, 인맥을 활용할 수 있으므로 유용하다.

플러그 앤드 플레이

즉석 회의, 스탠드업 회의, 호혜의 고리, 트로이카, 현명한 군중 모두 부탁('주고받음의 순환'의 핵심이다)하는 과정을 정상화하는 동시에 우리 내부에서 자연스레 도움의 손길을 끄집어내는 방식으로 작동한다. '플러그 앤드 플레이plug-and-play'(별도의 설정 없이 플러그에 연결하는 즉시 사용할 수 있는 것을 의미한다—옮긴이)의 경우, 앞서 언급한 관행들처럼 근무 중에 시간을 따로 낼 필요 없이 기존 스케줄, 회의, 워크숍, 또는 행사에 포함시킬 수 있다는 점에서 독특하다.

일례로 미국과 전 세계 131개국의 550만 젊은이들을 결집해 오프라인으로 정치사회 조직, 사회 변화 운동, 시민활동에 참여하도록 돕는 디지털 플랫폼 두썸싱(DoSomething.org)에서 사용하는 '플러그 앤드 플레이'를 살펴보자.[33] 매주 수요일 오후 2시 30분, 두썸싱 직원들은 사무실 "움푹한 회의 공간"에 모여서 주간 회의를 연다. 그리고 통상적 의식에 따라 각자 돌아가며 지난주의 성과를 축하하거나, 향후 업무 목표를 설명하거나, 조언이나 도움을 요청한다.[34] 그러면 다른 직원들이 현장에서 바로, 또는 회의가 끝난 뒤 도움을 준다.

심지어 일대일 회의도 플러그 앤드 플레이의 기회가 될 수 있다. 디트로이트에 본사를 두고 있는 유틸리티 회사 DTE에너지가 2008년 금융위기를 이겨내려고 안간힘을 쓸 때였다. 론 메이Ron May 부사장은 직속 부하직원, 이사진, 부사장단과 정기적으로 일대일 미팅을 가졌다.[35] 15분간의 회의는 다음과 같은 질문에 따라 대화로 이루어졌다. 어떤 문제를 해결하는 중인가? 원하는 목표 조건(미래의 상태)은 무엇인가? 어떤 장애물이 앞을 가로막고 있는가?

시간이 지나면서 사람들은 장애물이 무엇인지 털어놓는 것은 물론, 그것들을 제거하는 데 필요한 일을 부탁할 정도로 심리적으로 편안해졌다. 론의 설명에 따르면, 프로세스 변경 작업을 하는 직원이 절차에 얽매이지 않게 해달라고 부탁한다든가, 큰 프로젝트를 진행하다가 난관에 봉착한 직원이 특정 문제에만 온전히 매진할 수 있도록 시간을 달라고 부탁하는 것도 가능했다. 궁극적으로 이런 접근법은 상황 개선과 비용 절감을 촉진했을 뿐 아니라 직원들 사이의 연대도 더욱 강화했다. DTE에너지의 이같은 관행은 금융위기를 극복하고 회복하는 과정에서 가장 핵심적인 역할을 했다. 플러그 앤드 플레이는 어떤 회의에도 적용 가능하다. 직원회의, 진행 상황 업데이트 회의, 성과 검토, 피드백 세션, 계획 회의, 실무회의, 직원 리소스 그룹 회의, 교육 세션, 심지어 비공식적 점심 회의에도 가능하다. 달력을 펼쳐 앞으로 2주간의 스케줄을 보라. 어떤 스케줄에 플러그 앤드 플레이를 시도하면 좋겠는가?

일주일문 一週一問 화이트보드

백짓장도 맞들면 낫다. 특히 복잡한 엔지니어링 문제를 해결할 땐 더더욱 그렇다. 케빈 블루Kevin Blue는 거대 제약회사 화이저에서 일하면서 산업 엔지니어 다섯 사람과 함께 부탁을 일상화할 아이디어를 생각해냈다.

엔지니어들은 매주 월요일 주간회의에서 기술적인 문제점을 한 가지씩 제기했다. 그런 뒤 부서 출입로에 걸린 화이트보드에 문제를 적어놓고 팀원 모두가 해결할 수 있도록 했다. 하지만 금요일 오후까지는 아무 논의도 하지 않았다. "이렇게 하면 문제를 해결하거나 해결에 도전할 시간이 5일이나 생기죠." 케빈은 이렇게 설명한다. 이 방법이 팀의 골치 아픈 문제들을 해결하는 데 큰 효과를 거두자 곧 화이저는 모든 엔지니어링 훈련법에 이를 확대 적용했다.[36]

'일주일문 화이트보드'를 변형한 방식도 수없이 많다. 예를 들어 내가 아는 한 대기업에서는 누군가 즉석에서 플립차트에 요청 사항을 적으면 팀원들이 읽고 가능할 때 답을 해준다. 당신은 어떻게 변형해보겠는가?

고성과 팀은 팀원들이 안심하고 도움을 청하거나 베풀 수 있는 곳이다. 효율적인 팀을 만드는 것은 기버－리퀘스터 성향이 강한 팀원을 고르고 심리적 안전감을 높이고 주고받음의 순환을 촉진할 규범을 확립함으로써 성공의 발판을 마련하는 것에서부터 시작한다. 팀의 리더는 몸소 규칙적으로 도움을 (줄 뿐 아니라) 요청하고 모든 직무에 부탁을 의무화함으로써 이런 규범을 강화해야 한다. 팀은 이번 장에서 제공하는 도구들(즉석 회의, 공식 회의, 스탠드업 회의, 호혜의 고리, 트로이카와 현명한 군중, 플러그 앤드 플레이, 일주일문 화이트보드) 중에서 하나를 선택해 필요에 따라 개인적 목표나 프로젝트에 활용할 수 있다.

1. 우리 회사는 도움을 청하기에 심리적으로 안전한 곳인가? 그 이유는 무엇인가? (자신의 견해를 수치화하고 싶으면 뒤의 표 7을 보고 평가해보라.)

2. 팀이 새로 만들어질 경우 서둘러 업무를 시작하는가? 아니면 먼저 성공적인 환경을 마련하기 위해 시간을 가지는가?

3. 회사가 기버-리퀘스터 성향이 높은 사람을 고용하는가?

4. 부탁을 인정하고 지지하고 권장하는 규범이 팀에 마련돼 있는가?

5. 나는 부탁을 실천하는 롤모델인가?

6. 어떤 팀 도구를 사용하고 있는가? 얼마나 잘 작동하는가?

7. 팀 차원에서 적어도 30일 동안 새로운 도구를 골라서 시도해보라. 필요하면 상황에 맞게 수정하고 바꾸라.

8. 일상적 교류와 회의에서 부탁을 정례화할 수 있는 기회를 찾아보라. 심지어 개인 생활에서도 이런 기회를 살펴볼 수 있다!

9. 새로운 팀을 구성한다면 이번 장에서 제시한, 성공적인 팀을 만들기 위한 처방전을 따르라.

----

1. 실수에 대처하는 최고의 실천법

우리는 모두 가끔씩 실수를 한다. 하지만 실수를 했을 때 어떻게 대
처하는지는 사람마다 다르다. 책임감은 직장(과 삶)에서 성공하는 데
꼭 필요한 핵심 요소이며, 실수에 어떻게 대처하는지에 따라 장차 그
사람에 대한 평가가 달라진다.

아래는 실수했을 때 책임감 있고 해결 능력이 뛰어나고 배울 자세
가 되어 있는 사람이라는 인상을 주는 방법이다.

- 실수를 깨닫자마자 솔직하게 인정하라. 물론 쉬운 일은 아니다. 기
  분도 안 좋을 것이다. 하지만 실수를 했을 때는 기분이 나쁜 게 옳
  다. 부정적인 기분이 미래에 실수를 피하도록 채찍질하기 때문이다.
- 실수를 빨리 인정할수록 더 빨리 고치고 그에 따른 부정적인 영향
  도 덜 받게 된다.
- 남을 탓하지 마라. 실수를 했으면 그냥 한 거다. 물론 다른 원인도
  있겠지만 내가 통제할 수 있는 건 오직 나 자신뿐이다. 그게 뭐든
  내가 저지른 실수는 내 책임이다.
- **생각하라:** 실수를 발견했으면 왜 그런 실수를 했는지 생각해보라.

원인이 무엇인지 살펴보라. 단순히 주의를 기울이지 않아서 생긴 실수인가? 누군가로부터 잘못된 정보를 받은 건가? 지시 사항이 너무 혼란스러웠나?

- **해결하라**: 실수를 바로잡아라. 의뢰인 때문이든, 부정확한 자료 때문이든 실수는 반드시 제자리로 돌려놔야 한다. 어떻게 바로잡아야 할지 모르겠다면 도움을 요청하라.

- **앞으로 나가라**: 실수를 바로잡았으면 '사후 검토'를 할 차례다. 같은 실수를 두 번 반복하고 싶지는 않을 것이다. 이런 일을 초래한 상황이 반복되지 않도록, 같은 실수가 다시는 일어나지 않도록 하려면 어떤 조치를 취해야 하는지 파악하라.

- 실수를 해결하고 대처할 때 반드시 짚고 넘어가야 할 네 가지 핵심 요소는 다음과 같다. 무슨 일이 일어났는가? 왜 일어났는가? 어떻게 바로잡았는가? 다시는 이런 실수를 하지 않기 위해 무엇을 하고 있는가?

- 필요하다면 이 요소에 맞춰 자신의 실수로 피해를 입은 사람과 상사에게 대응하라.

자료 : 알렉시스 하셀바거, 2018(www.alexishaselberger.com)

2. 짐 러바인의 어시스턴트 지침서

1. 당신을 고용한 건 당신의 능력과 가능성 때문이지 당신이 모든 걸 알 거라고 기대해서가 아니다.

2. 바보 같은 질문은 없다. 무엇이든 '물어봐도' 좋다.

3. 누구나 실수하기 마련이다. 실수야말로 배움의 왕도다.

4. 경험의 법칙에 따르면, 새로 일을 시작한 사람이 일에 익숙해지려면 6개월이 걸린다.

5. 에이전시의 명성은 우리의 가장 귀중한 자산이다. 당신은 수많은 의뢰인, 잠재적 의뢰인, 출판사들이 우리 에이전시와 접촉했을 때 처음 상대하는 사람이다. 당신이 '모든 사람'을 대하는 방식이 우리의 명성에 영향을 미친다.

6. 나는 언제나 바쁜 사람처럼 보일 것이다. 그건 그냥 내가 일하는 방식이다. 그러니 내가 뭘 하고 있든 할 말이 있으면 미루지 마라. 그저 내 관심이 필요하다고 신호만 보내주기 바란다.

7. 업무 방식을 익히다 보면 우리가 왜 그렇게 일하는지 의문이 생길 수도 있다. '왜'라고 묻거나 새로운 대안을 제시하는 것을 두려워하지 마라. 우리는 언제나 업무 및 운영 방식을 개선할 방법을 찾고 있다.

8. 당신이 원하는 대로 일이 돌아가지 않는다는 생각이 들면―아주 사소한 일일지라도― 알려달라. 우리는 문제가 생기는 즉시 처리

하고 해결하고 싶다. 우리에게 최악의 상황은 작은 문제가 곪아서 크게 터지는 것이다(이 부분은 의뢰인들에게도 똑같이 말한다).

9. 우리는 진취성을 중시한다. 제안서나 제의서 뭐가 됐든 의견을 제시하고 건의하기 바란다. 그리고 새 프로젝트에 대한 아이디어(작가에게 제안할 주제나, 의뢰인으로 모시면 좋은 사람들)를 내는 데 협조하기 바란다.

10. 비록 업무 보고는 내게 하더라도 당신은 팀 전체와 일하는 것이다. 모든 팀원이 내가 당신에게 부탁하는 그런 피드백을 소중하게 여길 것이다.

자료: 제임스 러바인, 2019

3. 팀의 심리적 안전감 평가하기

표 7 **팀의 심리적 안전감 측정 평가지**

※ 다음 각 진술에 어느 정도까지 동의 또는 반대하는가? 항목마다 해당하는 점수에 동그라미를 치시오.

	강하게 반대	반대	약간 반대	동의도 반대도 아님	약간 동의	동의	강하게 동의
1. 우리 팀에서는 실수를 하면 비난을 받는다.	1	2	3	4	5	6	7
2. 우리 팀에서는 문제점이나 난처한 사안을 꺼내도 괜찮다.	1	2	3	4	5	6	7
3. 팀원들은 때로 다르다는 이유로 남의 의견을 거부한다.	1	2	3	4	5	6	7
4. 우리 팀에서는 안심하고 부탁할 수 있다.	1	2	3	4	5	6	7
5. 다른 팀원에게 도움을 부탁하는 게 어렵다.	1	2	3	4	5	6	7
6. 우리 팀에서는 누구도 일부러 나의 노력을 방해하지 않는다.	1	2	3	4	5	6	7
7. 팀원들이 나의 독특한 기술과 재능을 소중히 여기고 잘 이용한다.	1	2	3	4	5	6	7

출처: A. C. 에드먼드슨 〈팀의 심리적 안전감 및 학습 행동〉,
《계간지 경영과학Administrative Science Quarterly》, 44 : 350 – 83 (1999)

점수 매기는 법: 1번, 3번, 5번 질문은 부정적인 내용이므로 점수를 반대로 매겨야 한다. 예를 들어 1번 질문에 7이라고 답했으면 1점, 6이라고 답했으면 2점, 5라고 답했으면 3점, 4라고 답했으면 4점이다. 3은 5점, 2는 6점, 1은 7점이 된다. 3번, 5번 질문에 대해서도 똑같이 반대로 매겨라.

이제 7개 질문에 대한 점수를 모두 더한 뒤 7로 나누어 평균 점수를 내라(믿을 만한 동료들과 함께 퀴즈를 풀었다면 모두의 평균을 더해 전체 평균을 내라). 평균 점수가 6~7점이면 팀의 심리적 안전감이 매우 높다는 것을, 1~2점이면 심리적 안전감이 매우 낮다는 것을 의미한다.

비교하기: 에드먼슨이 한 제조회사의 53개 팀에 속한 427명을 대상으로 조사한 원 연구에서는 평균 팀 점수가 5.25점이었다. 그리고 잉그리드 넴바드Ingrid Nembhard와 함께 신생아 집중치료실의 23개 팀, 직원 1440명을 대상으로 한 연구에서는 평균 팀 점수가 5.31점을 기록했다.[37]

6장
경계를 넘어 부탁하기

켄트파워Kent Power, Inc.의 임원 진과 감독관들은 서로의 말을 듣지 않았다. 운영을 총괄하는 감독관들은 임원진이 자신들의 말을 귓등으로 흘려듣는 데다가 현장 사람들에게 정보를 제대로 알려주지 않는다고 불평했다. 한편 임원들은 감독관들이 자신들이 보낸 메모를 읽으려는 노력조차 안 한다며 비난했다.

켄트파워는 전력선, 변전소, 셀룰러 타워, 통신 인프라를 구축하고 관리하는 회사다. 이런 특수 산업에서는 계층 간 의사소통이 매우 중요하다. 하지만 임원진과 감독관들이 서로 말을 듣지 않는 바람에 회사가 어려움에 처한 상황이었다.

임원들은 도움이 필요하다는 것을 깨닫고 노련한 비즈니스 코치 데이브 스콜튼Dave Scholten을 초빙했다.[1] 데이브는 회사를 정상 궤도로 올려놓을 수 있도록 도와달라는 부탁을 받았다. 그는 임원진과 감독관들이 서로 소통할 수 있도록 미니게임(7장에서 더 자세하게 언급할 것이다)을 할 것을 제안했다. 그들은 이 게임을 이동통신회사 버라이즌Verizon의 유명한 광고 문구를 따서 "내 말 잘 들려요?Can you hear me now?"라고 불렀다.

미니게임은 3개월 동안 진행되었다. 첫 달에는 임원과 감독관 17명이 정기적으로 일대일로 통화를 하되, 한 번에 최소 10분간 총 16통의 전화를—상대방 전원에게—걸어야 했다. 하지만 규칙이 있었다. 바로 업무 관련 대화를 해서는 안 된다는 것이었다. 취미, 시사, 책과 영화, 축구, 날씨에 관해서라면 무슨 얘기든지 할 수 있었지만 딱 한 가지, 업무 얘기는 금지되었다. 데이브는 각자에게 통화 내용을 회사 공유 드라이브에 올리면서 대화 중에 알게 된 바를 최소 두 가지는 꼭 포함시키라고 요구했다. 그리고 이 기록을 공개해서 모두가 서로에 대해 더 많이 알 수 있게 했다.

두 번째 달에는 두 차례 통화를 해야 했다. 세 번째 달에는 횟수가 다시 두 배로 늘어나서 한 사람당 네 번이 되었다. 숫자는 빠르게 늘어났다. 그렇게 임원진과 감독관들은 모두 합쳐서 수백 시간이나 통화를 하게 되었다. 모두 90일 안에 이루어진 일이었다. 그렇지만 일 얘기는 일체 나누지 않았다.

짐작하다시피 '업무 관련 대화 금지'라고 규칙을 정하면 불평과 경악이 터져나온다. 일 얘기를 빼면 무슨 말을 한단 말인가? 어쨌거나 그들이 공유하는 유일한 배경이자 그들이 알고 있는 유일한 공통점이 아닌가. 그렇지만 그것이 요점이었다. 이렇게 기본적인 주제를 금지하면 사방이 꽉 막힌 사무실에서 벗어나 서로의 삶에 대해 알 수밖에 없게 된다. 처음에는 "배우자는 어떻게 만났어요?" 같은 질문을 던지고 답하는 게 그렇게 어색할 수가 없었다. 하지만 시간이 지날수록 어색함이 사라졌다. 대화가 점차 편안해지더니 통화가 새로운 궁금증과 잇따른 친절한 질문들로 가득한 하나의 커다란 대화에 가까워졌다. 그들은 가족, 친구, 고생, 승리, 꿈에 대해 이야기하면서 개인적이고 정서적 차원에서 마음을 나누었다.

3개월이 지나자 켄트파워의 17명의 리더들은 마침내 서로의 말에 귀 기울이게 되었다. 데이브 스콜튼은 이렇게 말한다. "최종적으로 사일로들이 녹아내리면서 서로가 서로를 이해하게 되었죠."[2] 일명 '내 말 잘 들려요?'는 엄청난 성공을 거두었다. 켄트파워는 미니게임을 일회성 도구에서 사업 전반에 걸친 정기 관행으로 바꾸기로 결정했다(미니게임의 지침에 대해서는 7장을 참고하라).

사일로는 대부분의 조직에서 골칫거리다. 사일로가 켄트파워처럼 계층을 가로막는 장벽이 되는 곳이 있는가 하면 부서, 사업 분과, 팀, 또는 물리적 공간을 나누는 곳도 있다. 어떤 회사에서는 조직과 고객 및 공급업체 사이에 사일로가 존재한다. 이런 경계를 넘어 부탁하고 협력하면 지식, 아이디어, 기회 및 기타 자원에 대한 접근성이 좋아지고 그 결과 생산성과 업무 성과가 향상되는 등 개인적 차원에서 주목할 만한 이익이 발생하게 된다. 회사의 경우, 경계를 연결하면 수익과 이윤, 혁신, 의뢰인과 고객의 충성심, 심지어 인재를 유치하고 보유하는 능력이 훨씬 강화된다.[3]

경계를 넘어 부탁하면 무수한 자원을 이용할 수 있는 문이 활짝 열린다. 필요한 자원이 팀이나 부서, 사무실 또는 지역사회처럼 가까이 있어서 그저 부탁만 하면 될 때도 있지만, 어떨 땐 필요한 자원이 바깥세상 어딘가 알 수 없는 곳에 있기도 하다. 그럴 땐 경계 너머로 물어야만 한다.

개인적인 삶에서도 마찬가지다. 우리는 때로 자신도 모르게 울타리를 쳐서 엄청난 자원의 보고를 멀리한다. 이를테면 많은 사람이 '삶'과 '일' 사이에 철저히 선을 긋는다. 직장에선 개인적인 부탁을 꺼내선 안 되고, 같은 이유로 업무 관련 부탁으로 친구와 가족을 괴롭혀서는 안 된다고 생각한다. 하지만 그렇지 않다.

짐 말로지Jim Mallozzi가 프루덴셜 부동산 및 이전Prudential Real Estate and Relocation의 최고경영자 겸 이사회 회장으로 취임했을 당시, 회사는 어려운 상황에 처해 있었다. 의뢰인들은 불만에 차 있었고, 인재들은 회사를 떠났고, 사업은 수백만 달러의 적자를 낸 상태였다. 짐은 회사를 정상 궤도로 올리기 위해 무슨 일이든 할

작정이었다. 그런데 문제가 하나 있었다. 그의 집은 코네티컷에 있는데 프루덴셜 부동산의 미국 핵심 지부가 위치한 캘리포니아, 애리조나, 뉴저지에서 대부분의 시간을 보내야 한다는 것이었다. 짐은 가족과 떨어져 지내는 게 너무 싫었다. 가족이 그리웠고, 아내와 딸들도 그를 보고 싶어 했다. 설상가상으로 높은 업무 강도로 인해 스트레스에 시달렸다. 쉬지 않고 일하고 이동하느라 운동할 시간이 부족해서 체중이 늘면서 건강을 위협했다.[4]

짐은 상황을 바꾸려면 도움이 필요하다는 것을 알았다. 하지만 멀리 떨어져 있는 가족을 대신할 좀 더 일상적인 지원군을 찾아야 했다. 그러다 전 직원이 참석하는 전체 회의 시간에 기회를 잡았다. 그는 회사의 올해 계획과 사업 목표를 제시한 뒤 전임 최고경영자들이 항상 그랬던 것처럼 색다른 시도를 했다. 세 가지 개인적 목표를 함께 발표한 것이었다. "제 목표는 30여 년을 함께한 아내와 행복한 결혼생활을 유지하고, 두 딸의 중요한 행사나 기념일을 놓치지 않고, 10킬로그램을 감량하고 더 건강하게 먹는 것입니다." 그런 뒤 그는 전 직원들에게 도와달라고 부탁했다.

그러자 정말 사람들이 돕기 시작했다. 한 동료는 짐의 달리기 파트너가 돼주겠다고 제안했다. 다른 직원은 팀 회식이 끝난 뒤 그가 디저트를 못 먹게 말렸다. 심지어 그가 구내식당에서 점심을 먹고 있으면 동료들이 식당까지 쫓아와서 그가 샐러드를 먹고 있는지 확인했다.

짐은 솔선수범해서 부탁을 허용한 롤모델이다. 어떤 의미로는 5장에서 읽었던 디트로이트미술관의 이사 살로트-폰스 박사와도 비슷하다. 단지 짐은 훨씬 큰 무대에서 수천 명의 동료들에게 자신을 따라 하라고 재촉한 것뿐이다. 얼마 안 있어 직원들 모두 직업적 목표와 개인적 목표 둘 다를 공유하며 그것을 성취하려는 서로의 노력을 지지하게 되었다. "사람들이 무엇을 성취하고 싶어 하는지 보는 것은 재밌고 유용할 뿐 아니라, 큰 통찰을 줍니다." 짐은 이렇게 말한다. "아주 강력한 새해 결심이라고 생각해요!"

부탁을 통해 목표를 이루는 짐의 접근방식은 회사에 주고받음의 문화를 촉발했다. 뿐만 아니었다. 켄트파워의 '내 말 잘 들려요?'와 마찬가지로 이 실천법은 조직의 위아래를 가로지르며 더욱 강한 연결고리를 만들어냈고, 이는 새로운 아이디어, 신선한 사업 전략, 원활한 의사소통, 회사 전반에 걸친 자원의 순환을 자극했다. "모두의 도움 덕분에 기업을 회생시켰지요." 짐은 이렇게 결론짓는다. "하지만 그게 다가 아닙니다. 저 역시 여전히 행복한 결혼생활을 하고 있고, 딸들의 중요한 행사도 놓치지 않았어요. 게다가 11킬로그램이나 감량했답니다!"

목표를 세우고 널리 알리면 목표를 이루고자 하는 열의가 강해진다. 게다가 사일로 너머로 도움을 요청하면 목표를 이룰 기회가 더 많아진다. 때론 전혀 기대하지 않았던 사람이 지원군이 되어 격려해주고 일을 책임지고 완수하게 해준다. 당신이 그들에게 똑같이 해준 것처럼 말이다.

다양성의 보너스

공항에서 비행기를 탔던 때를 떠올려보라. 탑승구가 열리기만을 기다리며 영원 같은 시간을 보내지 않았는가? 심지어 창밖으로 비행기가 빤히 보이는데도 의자에 죽치고 앉아서 말이다. 이런 답답한 지연 시간은 '비행기 회전 시간', 즉 비행기에서 짐을 내리고 다음 비행을 준비하는 데 걸리는 시간 때문에 발생한다. 일반적인 회전 시간은 45분에서 60분 정도다. 하지만 사우스웨스트항공은 회전 시간을 겨우 10분으로 단축하는 방법을 찾아냈다.[5]

모든 항공사들이 회전 시간을 줄이려고 궁리한다. 단순히 승객을 만족시키기 위해서가 아니다. 항공기가 활주로에 있는 시간 동안에는 돈을 벌지 못하기 때문이다. 하지만 비행기를 회전시키는 것은 생각만큼 간단치가 않다. 승객과 수하물을 내리고, 화물과 우편물을 하역하고, 연료를 급유하고, 청소 후 비품을 채우고, 안전을 점검하고, 새로운 승무원, 승객, 수하물 및 화물을 탑승시키는 등의 일들을 시간에 쫓기며 해내야만 한다. 그렇다면 어떻게 사우스웨스트항공은 경쟁자들보다 훨씬 적은 시간 안에 이 모든 일을 완료하는 법을 알아냈을까?

일반적인 접근법에서는 이런 문제를 해결하기 위해 운영 및 물류 전문가 팀을 불러서 방법을 찾게 한다. 우리는 관련 지식이 해박하다는 이유로 전문가에게 기대는 경향이 있다. 하지만 바로 그 좁고 깊은 지식이 문제 해결에 무의식적 편견을 부른다고, 복잡성 이론가이자 다양성 전문가인 스콧 페이지Scott Page는 주장한다. 스콧의 말에 따르면, 복잡한 문제를 해결하는 데는 전문지식보다 '인지적 다양성'―다양한 사고방식, 새로운 관점, 다른 세계관 등―이 훨씬 더 중요하다.[6] 그의 연구는 복잡한 문제일수록 다양한 사람들을 적절히 섞어서 투입하면 스콧이 말하는 '다양성의 보너스', 즉 비약적인 성과를 얻게 된다는 것을 보여준다.[7] 사우스웨스트는 문제를 해결하기 위해 조종사, 수하물 취급자, 승무원, 지상 승무원, 공항 직원, 감독관 등 다양한 직원들로 팀을 꾸렸다. 그리고 이것이 업계에서 회전 시간을 가장 단축하는 법을 알아낸 주된 이유였다.

이번 장에 등장하는 도구들이 도움을 청할 인력풀과 자원을 확장함으로써 이와 비슷한 '다양성의 보너스'를 얻는 법을 알려줄 것이다.

사일로를 넘어서

2016년에 나는 미시간주 앤아버의 공연예술 파워센터에서 테드엑스TEDx 강연을 했다. 강연 주제는 이 책의 주제이기도 한 '부탁이 주고받음을 순환시킨다'였다. 나는 청중이 부탁의 힘에 대해 듣기만 하는 게 아니라 경험했으면 싶었다. 그래서 공식적인 발표 시간이 끝날 무렵 조수 2명과 함께 1350명의 청중을 작은 그룹으로 나누어 돌아가며 도움을 부탁하고 베푸는 시간을 갖게 했다. 20여 분 뒤, 우리는 도움을 받은 사람은 자리에서 일어나달라고 요청했다. 청중들이 주위를 둘러보더니 얼마나 많은 사람이 서 있는가를 깨닫고 박수를 터뜨렸다. 방 안에서 에너지가 느껴졌다. 보수적으로 잡아도 참가자 1350명 중에 70퍼센트가 개인적으로든 일적으로든 필요한 도움을 받은 것으로 추정됐다. 이 이야기는 올바른 조직 관행을 갖추면 어떻게 경계를 넘어 부탁하는 행위의 이점을 극대화할 수 있는지를 잘 보여준다.

교차 협업 워크숍

미국스톡카경주협회NASCAR, 르망, 드래그레이싱, 보너빌 소금사막의 공통점은 무엇일까? 전부 GM이 경주에 참여한다는 점이다. 하지만 이 행사들은 자동차 회사 입장에서 단순히 즐기기 위한 게임이 아니다. 그보다는 엔지니어들이 새로운 기술을 실험하고 극한의 상황에서 차량을 시험할 수 있는 기회에 가깝다. 이를 통해 도로 및 고속도로에서 더욱 안전하게 탈 수 있는 자동차가 탄생하는 것이다. 하지만 그런 결과를 얻으려면 엔지니어, 기술자, 설계자, 운전자 사이에 높은 수준의 협업과 합동이 필요하다. 이는 각자의 사일로에서 작업해서는 거의 불가능한 일이다.

이것이 프라브조트 나누아Prabjot Nanua가 GM의 두 부서, 어드밴스드 엔진 엔지니어링부와 레이싱 엔지니어링부를 총괄하는 글로벌 이사로서 마주한 상황이었다. 이 두 부서는 여러 면에서 비슷한 기능을 하는 것처럼 보이지만 지속적 협업이 어려울 정도로 근무 시간대와 스케줄이 완전히 다르다. 어드밴스드 엔지니어링부는 엔진 성능을 높이고 비용을 낮추는 새로운 혁신안을 마련하는 일을 한다. 그러다 보니 수년 동안 노력했는데도 결실을 얻지 못하는 때도 있다. 반면 레이싱 엔지니어링부는 그 주 레이스부터 다음 주 레이스까지 기존 엔진을 조금씩 수정하고 개선하는 일을 중점적으로 한다. 그들에겐 다음 레이스 전까지 일을 끝내는 게 중요하다.

두 부서의 지휘를 맡을 무렵, 프라브조트는 어드밴스드 엔지니어링부에서 낸 몇몇 아이디어가 레이싱 프로그램에서 구현되는 것을 보고 커다란 가능성을 감지했다. 그리고 사일로를 넘나들며 도움이 오가는 환경을 조성하기 위해, 두 팀의 엔지니어들이 한자리에 모여 목표, 기술, 각 부서가 직면한 도전 과제를 논의하는 교차 협업 워크숍을 만들었다.[8] 토론 주제는 정해주지 않았다. 그 대신 엔지니어들이 다양한 주제에 관심도를 매겨 그중 가장 표가 많이 나온 주제를 가지고 워크숍을 열도록 했다.

얼마 안 있어 월간 워크숍은 엔지니어들이 질문하고, 부탁하고, 제안과 조언을 나누는 귀중한 장이 되었다. 이를테면 어드밴스드 엔지니어링부가 예정대로 프로젝트를 진행하려면 특정 부품을 신속하게 납품받아야 하는 보기 드문 상황에 처했다고 하자. 그럴 경우 레이싱부 일원에게 연락해서 어떻게 해야 "레이싱부가 개발한 프로세스를 활용하여 부품과 서비스를 신속하게 얻을 수 있는지" 물을 수 있다고 프라브조트는 설명한다.[9]

징거맨 사업공동체에서 새 파트너를 소개하는 장은 조직 간의 울타리를 넘을 뿐 아니라, 더 넓은 공동체에 지원을 호소하기 위해 조직 바깥에까지 손을 뻗는 하나의 의식이다. 이 행사는 누군가 매니징 파트너로 진급할 때마다 오전 내내 진행된다. 이때 징거맨의 반독립적인 사업체 10곳의 모든 매니징 파트너는 물론 관심 있는 직원, 친구, 방문객도 초대한다(내가 방문한 행사에서는 60명이 참석했다). 그리고 방문객을 포함한 모든 참석자에게 새 파트너가 성공하는 데 어떻게 기여할 것인지 발표해달라고 부탁한다. 예를 들어 회계 책임자라면 항상 제시간에 정확한 재무제표를 전달하고 숫자 관련 상담을 해주겠다고 약속할 수 있다. 최근에 은퇴한 파트너라면 새 파트너가 무슨 일을 하든 자진해서 돕겠다고, 기술에 정통한 직원이라면 소셜미디어에 새 사업을 입소문내 주겠다고 제안할 수도 있을 것이다. 실제로 내가 목격한 사례들이다. 모두 경계를 넘어 도움을 부탁하면 얼마나 다양한 자원을 얻을 수 있는지를 잘 보여준다.

지속적인 교육 프로그램

나는 여러 해 동안 수많은 간부 교육 프로그램에서 강의를 했다. 거기서 하나의 트렌드를 목격했으니, 바로 기업 고객을 위한 맞춤형 프로그램이 증가하고 있다는 사실이다. 누구나 가입할 수 있는 개방형 프로그램과 달리, 맞춤형 프로그램은 특정 회사의 직원들만 참가할 수 있으며 회사의 특정 사업 목표, 우선순위, 필요에 맞게 조정된다. 일례로 GM의 많은 간부들은 스탠퍼드대학과 제휴해 진행되는 '변화하는 리더십Transformational Leardership'이라는 프로그램에 참여한다.[10] 각 강좌는 신중을 기해 다양하게 구성한, 전 세계에서 온 35~40명의 임원들로 이루어져 있다. 이들 임원들은 1년 과정에 5회 수업을 듣는데, 회차마다 다른 나라에서 열린다. GM의 전직 최고 인재 책임자인 마이클 아레나Michael Arena는 《적응성의 공간Adaptive Space》에서 이렇게 설명한다. "이 프로그램의 가장 중요한 부분은 아마 (…) 여기서 얻는 사회적 자본일 것이다."[11]

여기서 얻는 사회적 자본이라니, 구체적으로 무슨 의미일까?

사회적 자본은 간단히 말해 자신의 인맥과 그 인맥으로 얻을 수 있는 자원을 뜻한다. GM의 임원들은 해당 프로그램을 통해 다양한 국가와 사업 분야에서 일하는 사람들을 만나고, 서로를 알아가고, 팀 프로젝트를 함께하고, 친분을 쌓으면서 사회적 자본을 구축한다. 이런 경험을 통해 프로그램이 끝난 후에도 새로 맺은 유대관계를 지속하고 새로운 자원에 대한 접근성을 강화하는 것이다.

대기업의 국내 담당 영업부장이었던 로버트야말로 사회적 자본을 이용한 좋은 사례다. 한 분노한 점포 매니저가 그에게 문제를 보고했을 때였다.[12] 그의 회사 제품은 직영 소매점을 통해 판매되는데, 본사 직원이 실수로 고객에게 다른 가게로 안내하는 편지를 보낸 것이었다. 로버트는 상황을 자세히 살피다 그 편지가 발송된 곳이 자신이 간부 교육 프로그램에서 만났던 사람이 근무하는 부서라는 것을 알아냈다. 그는 그 사람에게 전화를 했고, 그들은 함께 신속하게 문제를 해결했다. 로버트의 말에 따르면, 그 이후로 그는 다양한 프로그램 참가자들과 연락을 주고받음으로써, 즉 자신의 새로운 사회적 자본을 이용함으로써 여러 가지 문제를 해결할 수 있었다.

간부 교육 프로그램에서는 어째서 사회적 자본을 얻기가 쉬울까? 단지 운이 좋아서가 아니다. 우리는 첫날부터 다양한 부서와 나라에 속한 사람들이 6명씩 그룹을 이루도록 자리를 배정한다.

그런 다음 매일 자리 배치를 바꾼다. 강의실에서 디자인 프로젝트를 진행할 때 모르는 사람들끼리 한 그룹을 만들고, 강의실 밖으로 나가 소비자를 인터뷰하고 아이디어를 구상하고 시제품을 만드는 시간에는 그룹을 다시 섞는 식이다. 게다가 참가자들이 서로 어울릴 수 있는 저녁 시간에 교육 활동을 한다. 그러다 보니 프로그램을 마칠 때쯤에는 온갖 사회적·조직적·지리적 경계를 넘나들며 새로운 사적 유대관계를 만들 수밖에 없다.

맞춤식 간부 교육 프로그램이 지금 당장 이용 가능한 선택지에 없을 수도 있다. 하지만 이를 흉내 낸 실천법이 많다. 예를 들어 IT 회사인 맨테크, NFL, 딜로이트, 애벗래버러토리스 등이 신입 직원과 기존 직원을 위한 직무 순환 프로그램을 운영하고 있다.[13] 이 프로그램에 참여하는 직원들은 한 부서에서 다른 부서로 순환 근무를 하는데, 각 부서에서 몇 주, 몇 달, 심지어 몇 년씩 보내기도 한다. 이런 종류의 직무 순환은 신입 직원을 대상으로 하는 경우가 많지만, 기존 직원들에게 업무 경험을 풍부하게 쌓고, 배움을 격려하고, 우물 안을 벗어나 사용 가능한 새로운 사회적 자본을 늘리게 하려는 목적으로 실시되기도 한다. 또한 직원들이 어디에 관심 있고 어떤 기술을 가지고 있는지에 대한 정보를 알 수 있어 그들에게 적합한 직무를 연결해주도록 돕는다는 점에서, 고용주에겐 훌륭한 학습 방법이기도 하다.[14]

유연한 예산 수립

대부분의 관리자들은 지독한 구두쇠마냥 예산을 틀어쥐고 놓지 않는다. 부서 예산의 일부─잉여 자금이 있다고 하더라도─를 떼서 다른 부서나 프로젝트에 준다는 건 상상도 할 수 없다. 하지만 캘리포니아주 샌프란시스코에 위치한 호프랩Hopelab에서는 정기적으로 일어나는 일이다. 이곳은 10대와 청소년의 건강과 안녕을 증진하기 위해 과학 기반 기술을 설계하는 사회 혁신 연구소다. 이를테면 부사장이 흥미진진한 전략적 소통 기회를 제시했을 때였다. COO(최고운영책임자) 댄 컬리Dan Cawley는 이 방식이 "어린이의 건강을 위한 제품을 개발하기 위해서 행동과학, 디자인, 기술을 어떻게 결합할지에 대해 토론할 뿐 아니라, 아동 비만을 해결하려는 우리의 노력을 목표 청중에게 대규모로 보여줄 수 있을 것"이라고 믿었다. 정말 훌륭한 기회였지만 한 가지 걸림돌이 있었다. 바로 10만 달러라는 비용을 예산에 반영하지 않은 것이었다. 호프랩은 비영리단체이다 보니 운영 가능한 예산이 항상 빠듯했다. 그럼에도 유연한 예산 편성 관행 덕분에 수월하게 자금을 마련할 수 있었다.[15]

물론 모든 예산 관리자들이 마음껏 자금을 사용하면서 부서의 목표와 이정표까지 달성하기란 불가능했다. 하지만 한 프로젝트 관리자가 나서서 자기 부서의 프로젝트를 진행하는 데 지장을 주지 않는 선에서 특정 활동의 예산 규모를 축소해 만 달러 단위의 자금을 기부할 수 있다고 말했다. 그러자 거의 모든 부서가 십시일반으로 자금을 보태 10만 달러를 마련하게 된 것이었다.

이런 유연한 예산 편성 관행 덕분에 호프랩은 전형적인 예산 편성으로는 불가능했을 새로운 도전과 기회에 뛰어들 수 있었을 뿐 아니라, 부서 간에 투명성과 신뢰를 구축하고 협동을 다지게 되었다. 게다가 댄의 말에 따르면 그 과정은 예상과 달리 영역 다툼이나 극적인 사건 하나 없이 '차분'하게 이루어졌다. 사실 "다들 너무나 관대하다"라고 그는 말한다. "예산금이 프로젝트를 넘나들며 얼마나 순조롭게 오가는지 모릅니다."

예산에 대한 이런 관대한 접근법은 호프랩과 같은 비영리단체에서만 가능한 게 아니다. 프루덴셜 부동산에서도 이런 접근법이 통했다. 공유와 협력의 가치를 보여주는 오래된 민담에서 이름을 딴, 스톤 수프Stone Soup(꾀를 내어 마을 사람들로부터 조금씩 재료를 얻고 함께 수프를 만들어 먹은 여행객의 이야기—옮긴이) 예산 편성법이다.

보통 기업 예산은 과거 예산을 바탕으로 수립되는데(올해 필요한 예산은 작년에 지출한 예산을 기준으로 한다), 가끔 부서장들 사이에 자유재량 예산을 놓고 갈등이 빚어지기도 한다. 프루덴셜 부동산의 최고경영자 짐 말로지의 말에 따르면, 그럴 경우 최고경영자가 때로 "솔로몬 왕"의 역할을 맡아 "양쪽 프로젝트에 모두 자금 지원을 줄여서 승자를 없애거나, 최악의 경우엔 훌륭한 아이디어를 그냥 깔고 앉기도" 한다.[16] 그래서 짐은 회계연도 동안 다른 방식으로 연간 예산을 편성하기로 했다. 그는 먼저 중간급 이상 간부들을 소집해서 새로운 아이디어와 프로젝트를 평가하고 회사의 핵심 철학 및 사명에 부합하도록 만들었다. 그런 뒤 각 부서장이나 관리자에게 프로젝트가 성공하는 데 기여할 것을 약속하게 했다. 일부는 예산을 양보했고 일부는 전문지식이나 프로젝트 관리 자원을 제공했다. 어떤 사람들은 프로젝트의 중요성을 조직 전체에 알리는 등 공개적 감사 및 지원의 형태로 기여했다. 짐은 이렇게 회상한다. "팀과 리더들이 치열하게 토론하면서 특정 문제를 해결하는 데 기꺼이 예산과 유능한 직원을 내놓겠다고 했을 때 우리가 성공하리라는 걸 알았죠."

'스톤 수프' 예산 편성법은 리더들을 '우리 대 그들'이라는 대립 구도에서 '우리는 하나다'라는 구도로 이동시켰다. 그렇게 성공을 개별적 승리가 아닌, 집단적 승리의 문제로 만든 것이다. 짐의 말처럼 "스톤 수프 원칙—배부르게 먹고 싶으면 긍정적인 기여를 해야 한다—을 적용하면 기업의 진취성에 진정으로 동참하게" 된다.

자문 집단

하지만 사내 사일로를 넘나들며 부탁하는 것이 비현실적이거나 그것만으로는 충분하지 않을 수도 있다. "조직을 운영하다 보면 배우자나 직원들에겐 말할 수 없는 것들이 수두룩하게 생깁니다."[17] 미국에서 석유 및 가스 파이프라인 인프라를 관리하고 보호하는 제품과 서비스를 제공하는 아메리칸이노베이션스American Innovations의 최고경영자 리치 스몰링Rich Smalling의 말이다. 이런 경우에는 전문적인 견해와 조언을 얻기 위해 조직(과 가족)을 벗어나 외부로 눈을 돌려야 한다.

이때 필요한 것이 바로 자문 집단이다.

리치의 자문 집단인 YPO는 예전에는 '젊은 회장들의 조직Young Presidents' Organization'으로 불렸다. YPO는 1950년에 뉴욕에서 설립되었으며, 현재 130여 개국에 거주하는 2만 7천 명 이상의 경영자들이 가입한 세계적인 네트워크로 성장했다.[18] YPO의 핵심은 포럼—8명에서 10명의 동료 리더들로 구성된 그룹으로 매달 2시간에서 4시간가량 만난다—이다. "그곳에서 나누는 모든 대화는 철저히 비밀에 부쳐집니다"라고 리치는 말한다. "포럼에서 우린 항상 도움을 요청합니다. 무슨 일이든 부탁할 수 있어요."

YPO 챕터는 그보다 한 단계 높은 모임으로 그 수가 세계적으로 450개가 넘는다. 포럼보다 좀 더 공식적이어서 월별 행사, 주제, 강연자 등을 정해놓고 일정표를 만들어 운영한다. 챕터에 참여하면 만날 수 있는 동료의 범위가 넓어진다. 게다가 그곳에서 이루어지는 대화는 리치의 표현에 따르면 "장내 비밀"로, 모든 부탁이 완벽한 비밀과 신뢰 속에서 처리됨을 의미한다. 또한 YPO에 가입하면 특정 주제를 중심으로 만들어진 세계적인 디지털 커뮤니티와 개인 네트워킹 사이트 M2Mx(회원들이 개인적·업무적 이슈에 대해 어떤 부탁이든 할 수 있다)에도 접속할 수 있다.

YPO처럼 세계적인 조직과 달리 지역에 기반을 둔 자문 집단도 많다. 예를 들어 시카고 대도시권 지역의 브레이크스루 포럼BreakThrough Forums은 기업의 규모와 관심사가 비슷한 비즈니스 리더들로 구성된다. "이런 모임들이 협력의 핵심이에요. 여기서 고위 간부들이 서로에게 도움을 요청하죠."[19] 이 단체를 이끄는 톰 캐프럴Tom Caprel은 말한다. "회원들은 자신의 경험을 지침 삼아서 안전하고 편견 없는 환경에서 도움을 주고받습니다."

기존의 자문 집단에 가입하고 싶지 않으면 스스로 만들 수도 있다. 긍정조직센터장으로 일하다 보니 내겐 '사내 창업 임원Executives-in-Residence' 프로그램 회원들이 비공식 자문 집단이다. 이런 영예로운 고위 간부 집단은 기업 및 민간에서 수십 년 동안 리더로서 경험을 쌓은 사람들이다. 따라서 어떤 문제를 논의하든 엄격히 비밀에 부쳐질 것은 물론, 최고의 도움과 조언을 얻을 거라는 확신을 가지고 무엇이든 물어볼 수 있다.

커뮤니티에 접속하라

2019년 1월 30일 수요일, 미시간주 앤아버에 북극 소용돌이가 닥치며 108년 만에 가장 추운 날씨를 기록했다. 바깥 온도는 영하 27도였지만, 체감 온도는 영하 40도에 달하는 날씨였다.

그날 밤 10시 30분쯤, 아내와 나는 컨슈머스에너지로부터 난방 온도를 18도 이하로 낮춰달라는 긴급 문자를 받았다. 알고 보니 미시간주 남동부에 위치한 컨슈머스에너지 천연가스 압축 기지 한 곳에서 장비 화재 사고가 발생한 것이었다. 다친 사람은 없었지만 그 바람에 기지의 가스가 모두 차단돼 마을 전역으로 가스를 공급하는 데 차질이 생길 수도 있는 상황이었다.

나는 곧장 온도 조절기를 돌렸다. 미시간 주민 수만 명도 마찬가지였다. 그 결과 가스 사용량이 전 시스템을 통틀어 10퍼센트 감소했다. 시민들의 자발적 감축으로 인해 컨슈머스에너지는 북극 소용돌이가 닥친 혹독한 날씨에도 가정과 기업에 문제없이 가스를 공급할 수 있었다.

이렇게 시민들이 자발적으로 집단행동을 할 수 있었던 것은 디지털 기술의 발달로 수많은 사람들에게 동시에 요청 사항을 발송할 수 있었기 때문이다. 요즘은 이런 규모로 요청하는 데 거대한 기업 인프라를 갖출 필요가 없다. 사실 누구나 기술의 힘을 이용해서 폭넓게 새로운 사람들과 네트워크에 빠르고 손쉽게 접근할 수 있다.

무작위 만남

액션 연기 전문가를 실제로 만나본 적이 있는가? 나는 있다. 나는 학생들에게 예체능 기술을 가르치는 음악·연극·무용학교와는 물리적으로나 학문적으로나 거리가 먼 로스 경영대학원에서 근무한다. 그러므로 이노베이트브루Innovate Brew에 참여하지 않았다면 액션 연기 전문가와 마주칠 일도 없었을 것이다.

이노베이트브루는 방대한 미시간대 캠퍼스 전역의 교원들을 무작위로 짝지어주는 온라인 시스템이다. 짝을 이룬 교원들은 직접 만나서 현재 진행 중인 연구와 기타 프로젝트에 대해 이야기를 나누는데, 도움을 주고받는 행위가—즉석에서 또는 차후에—그 과정에서 절대적인 부분을 차지한다. 나 같은 경우 그 만남에서 대학 운영위원회에 소속된 엔지니어를 알게 되었는데, 덕분에 위원회에서 담당하는 정책에 대해 궁금한 점이 있으면 물어볼 사람이 생겼다. "세상을 완전히 다른 렌즈로 보는 누군가와 알고 지내게끔 해주는 게 목적이죠." 이노베이트브루의 창시자이자 로스 경영대학원의 기술 운영과 교수인 빌 러브조이Bill Lovejoy는 이렇게 말한다. 그러면서 "보통은 낯선 사람에게 다가가 말을 거는 게 허용되지 않죠"라고 지적한다.[20] 하지만 이노베이트브루에서는 허용된다.[21]

대규모 행사

짐 말로지가 프루덴셜 부동산 및 이전을 이끈 지 얼마 안 돼서 회사는 전 세계의 자사 영업 전문가 수천 명을 대상으로 연례 세일즈상 시상식 및 연수회를 개최했다.

짐은 말한다. "나의 첫 기조연설 주제는 '가능성의 긍정적인 힘'을 이용해서 '변화하고 혁신하자'였습니다." 그는 연설 도중에 3천 명의 영업 전문가들에게 스마트폰을 꺼내달라고 부탁했다. 곧이어 전원을 끄라는 지시가 떨어질 거라는 생각에 모든 참가자가 신음 소리를 냈다. 하지만 짐은 스마트폰을 켜라고 말했다. 그리고 부탁했다. "동료 영업자들이 새로운 고객을 유치하거나, 판매 실적을 올리거나, 평생 동안 고객을 유지하도록 도우려면 어떻게 하는 게 좋을지 최소한 한 가지씩 아이디어를 내서 문자나 이메일로 보내주세요." 그리고는 거대한 화면에 전화번호와 이메일 주소를 띄웠다. 짐은 무대 위에서 스마트폰을 꺼내 어떻게 하면 되는지 직접 시연까지 해 보였다.

"컨퍼런스가 끝나고 겨우 36시간이 지났을 뿐인데, 2200개가 넘는 아이디어가 나왔어요!"라고 짐은 밝혔다. 이 대규모 부탁 행사는 큰 성공을 거두었고, 곧 회사의 정기적 관행이 되었다.

당신의 회사는 어떤 대규모 행사를 주최하는가? 이런 행사들은 주고받음을 대규모로 실천하기에 이상적인 장소다. 옛말 그대로다. 뭉치면 살고 흩어지면 죽는다. 다양한 사람들을 대거로 모을 수만 있으면 그곳이 어디든 경계를 넘어 도움을 부탁하고 베푸는 대규모 행사의 장이 될 수 있다.

온라인 컨퍼런스

다수의 회사들과 마찬가지로 아메리칸익스프레스American Express는 직원들이 어디서나 근무할 수 있는 디지털 인력체제로 전환하는 중이다. 다행히 원거리에서도 서로 연락할 수 있게 도와주는 기술이 수도 없이 많다. 아멕스Amex에서 디지털 전환을 이끌던 로런 아퀴스타Lauren Acquista의 사무실은 뉴욕에 있었다. 하지만 그녀의 팀은 뉴욕과 팰로앨토, 캘리포니아로 나뉘어 있었다. 그래서 그들은 두 해안지역의 사무실 간에 정보가 오가고 도움을 청하는 데 문제가 생기지 않도록 언제나 접속 가능한 거대한 화상회의 스크린을 설치했다. "하나의 팀처럼 느껴졌어요."[22] 로런은 이렇게 회상한다. "그냥 스크린 앞으로 걸어가서 대화를 나누고, 도움을 청하고, 질문을 하면 됐거든요." 각 스크린은 상대방의 사무실로 들어가는 문과도 같았다.

미주리주 컬럼비아에 본사를 둔 콘텐츠 마케팅 대행사 인플루언스앤드컴퍼니Influence&Company의 영업직원들은 원거리 고객들과 신뢰를 쌓기 위해 줌이라는 소프트웨어를 사용한다. "우리 팀은 고객과 의미 있고 복잡한 주제에 대해 논합니다. 인터뷰를 통해 온라인 콘텐츠로 전환할 만한 개인적인 이야기를 얻기 위해서죠"

라고 고객경험부 부사장 앨리사 파치어스Alyssa Patzius는 말한다.[23] 앨리사는 또한 줌을 이용해 매주 일대일로 직접 보고를 한다. 앨리사의 말에 따르면, 줌을 통해 만나면 직원들이 필요한 도움을 부탁하기가 훨씬 쉽다.

세계적인 제품 검사, 시험, 인증기관인 인터텍Intertek은 사업 모델이 광범위하게 분산된 탓에 직원 4만 3천 명이 전 세계 1천 개의 시험소에 흩어져 일하고 있다. 이런 분산된 모델은 각 시험소가 현지 고객들에게 맞춤형 서비스를 제공하는 데 유리하다. 또한 각 시험소가 서로 배울 수 있는 기회도 풍부하게 제공한다. 펜실베이니아주 인터텍 앨런타운 지부의 총관리자 스콧 핸턴Scott Hanton은 매달 미국 전역의 시험소에서 일하는 화학 실험실 관리자 및 직원들과 스카이프로 회의를 여는데, 회의의 마지막 순서는 참가자들이 질문하고 부탁할 수 있는 '속사포rapid-fire' 시간이다. 스콧은 말한다. "즉석에서 답변을 얻을 수 있죠." 여기서는 특정 기기와 화학물질을 다루는 비법부터 경영 승계의 모범 사례까지 온갖 정보를 교환할 수 있다.

스콧은 '속사포' 시간이 "글로 기록돼 있지 않은 무언의 지식을 활용하는 시간"이라고 지적한다. 특히 다른 포럼에서 답을 찾기 어려운 질문들을 꺼내기에 좋다. 이 관행이 큰 성공을 거두면서 스콧은 유럽에 이어 아시아와 전 세계로부터 이 방식을 확대해달라는 요청을 받고 있다.

메시지 어플

이 부분을 집필하기 직전, 나는 고등학생인 아들에게 도움을 청하려고 문자를 보냈다. "친구한테 도움을 부탁할 때 인스타그램이나 스냅챗 같은 어플을 사용하니? 혹시 괜찮은 사례가 있으면 알려줄래?"

"네." 아들이 답을 보내왔다. "집에 가서 말씀드려도 돼요?"

그날 저녁 나는 아들이 도움을 청하기 위해 정기적으로 메시지 어플을 사용한다는 사실을 알게 되었다. 한번은 인스타그램으로 친구들에게 사고 싶은 셔츠 사진을 보내면서 평가해달라고 부탁한 적도 있었다. 학교에 숙제를 두고 와서 스냅챗으로 친구들에게 물어본 건 한두 번이 아니었다. 녀석의 친구들 모두 똑같았다.

세계에서 가장 인기 있는 3대 메시지 어플은 왓츠앱WhatsApp, 페이스북 메신저Facebook Messenger, 위챗WeChat(주로 중국 시장에서 사용된다)이다.[24] 하지만 주중에는 일하고 주말에는 수업을 듣는 나의 MBA 주말반 학생들은 야유회를 조직하거나, 수업이나 과제에 대해 질문하거나, 맛집 정보를 공유하기 위해 그룹미GroupMe를 사용한다.

인스타그램, 스냅챗, 왓츠앱, 그룹미, 그리고 이와 유사한 소셜 어플들은 보통 사적인 소통을 위해 사용된다. 사생활과 직장생활을 넘나들며 사용하지는 않는다. 직장생활의 경우, 대부분이 야머Yammer, 슬랙Slack, 채터Chatter, 재버Jabber, 마이크로소프트 팀스Microsoft Teams처럼 직장을 위해 특별히 고안된 기업용 소셜 소프트웨어를 사용한다.

"슬랙이 공유 문화를 만드는 데 도움을 줍니다." 로런 아퀴스타는 이렇게 말한다. 뉴욕 브루클린에 있는 그녀의 디지털 액셀러레이터 팀은 메시지 어플에 특정 팀, 프로젝트, 관심사별로 채널을 만들어 실시간 소통 창구로 이용하는데, 개인적 주제(부모님, 영화, 음식 등)와 업무 관련 주제의 채널이 모두 있다.[25] 로런은 이렇게 설명한다. "기술 발전과 젊은 인력들 덕분에 개인 생활과 직장생활의 경계가 모호해지고 있어요." 이는 직원들이 이런 도구를 이용해 업무와 무관한 부탁을 하는 것을 주저하지 않음을 의미한다.

내가 공동 설립한 회사인 기브앤테이크의 직원들 또한 슬랙을 사용하는데, 그들 역시 개인 채널과 업무 채널을 모두 가지고 있다. "즉석에서 메시지를 보내고, 프로젝트를 업데이트하고, 기사를 게시하기에 아주 편리해요."[26] 마케팅 부사장인 세라 앨런-쇼트Sarah Allen-Short는 이렇게 말한다. 그 밖에도 직원들은 음료수 냉각기에 대한 수다, 생일 축하, 가족사진, 인터넷 유머, 책 추천 등 사담을 나누기 위해 슬랙을 사용한다.

어떤 회사들은 근무 중에 사적인 이야기를 나누지 못하도록 애를 쓴다. 하지만 이건 실수다. 켄트파워의 사례에서도 보았듯이, 회사 밖에서 동료들이 어떤 취미, 관심사, 오락을 즐기는지 알게 되면 신뢰가 쌓이고 유대감이 강화된다. 구글이 원격 팀을 대상으로 한 연구에서도 개인적 차원에서 서로를 알아가는 것이 팀의 성공에 중요하다는 결과가 나왔다.[27] 실제로 전문가들은 동료의 사생활에 대한 호기심이 "직원들로 하여금 회사의 사회화 도구에 참여하게 만드는 중요한 동기"라고 말한다.[28] 아무래도 낯선 사람에게는 도움을 청하기가 어렵다. 하지만 사생활을 조금이라도 알게 되면—그 정보가 '내 말 잘 들려요?'와 같은 미니게임으로 얻은 것이든, 소셜 메시지 어플을 통해 얻은 것이든—타인에게 부탁하기 쉬워진다.

또한 사람들이 공적인 메시지 채널에서 나누는 대화를 관찰하는 것만으로도 누가 무엇을 알고, 누가 누구를 아는지 효과적으로 파악할 수 있다. 한 대형 금융 서비스 회사에서 엄격한 과정을 거쳐 실시한 연구에 따르면, 겨우 6개월 동안 기업용 소셜 소프트웨어를 사용했을 뿐인데도 "누가 무엇을 아는지에 대한 정보 습득이 31퍼센트 증가, 누가 누구를 아는지에 대한 정보 습득이 88퍼센트 증가"했다.[29] 이런 정보가 있으면 내 질문에 즉시 답해주거나 도움을 줄 수 있는 전문가가 누구인지, 필요하다면 누구에게 전문가를 소개해달라고 부탁하면 될지를 쉽게 알 수 있다.

협업 기술 플랫폼

"사람들은 직장에서 언제, 그리고 왜 도움을 부탁할까요? 여러

분은 어떤 부탁을 하며, 왜 그런 부탁을 하나요? 무엇이 부탁하게끔 부추기나요?" 이것은 긍정조직컨소시엄Positive Organizations Consortium에 속한 모든 회사와 조직들을 연결하는 디지털 네트워크, 긍정조직센터 기비타스 커뮤니티에 내가 올린 첫 질문이다. 기비타스는 이 책의 원칙과 개념을 바탕으로 내가 설계를 도운 협업 기술 플랫폼Collaborative technology platform으로, 경계를 넘나들며 방대한 규모로 도움을 요청·제공·수용하기에 심리적으로 안전한 환경을 구축해준다. 간단히 말해, 결과적으로 나는 이 책에 생생한 사례로 인용하기 좋은 상세한 답변을 10여 개나 받았다.

나는 연구와 집필을 이어나가면서 여러 기업의 인사 전문가들이 1200명도 넘게 가입한 HR(인사 관리) 기비타스 커뮤니티에도 질문을 올렸다(나 역시 다른 사람들의 요청에 응답했다). 사실 이 책에 등장하는 수많은 고마운 분들은 나의 질문에 답을 준 것을 계기로 처음 만난 사람들이다. 표 8의 다이어그램은 운영 첫 3개월 동안 해당 커뮤니티에서 주고받음의 네트워크가 얼마나 큰 힘을 발휘했는지를 보여준다(점은 사람이고, 선은 요청에 대한 응답이다).[30]

나는 그랜티드Granted 기비타스 커뮤니티에도 요청 사항을 올린 뒤 유용한 답변을 여럿 받았다. 물론 나 역시 가능할 때마다 도움을 주었다.

그랜티드 기비타스는 애덤 그랜트의 인기 뉴스레터 '그랜티드'의 구독자만을 위한 커뮤니티로, 일과 심리에 관한 통찰과 아이

표 8 기비타스 이용자 간 네트워킹의 변화

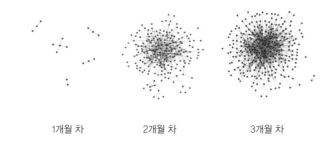

1개월 차   2개월 차   3개월 차

디어를 공유하는 장이다. 현재까지 1300명이 넘는 구독자가 이 커뮤니티에 가입해 정기적으로 도움을 청하고 베풀고 있다.

일례로 한 핀테크 스타트업 창업자가 기업가로서 겪는 고립감과 외로움을 이겨내기 위해 생각이 비슷한 뉴욕 거주자를 소개받고 싶다고 청했다. 그는 공동체 지원과 아이디어의 구체화에 도움을 받는 대가로 자사의 소프트웨어와 코딩 전문지식을 제공하겠다고 제안했다. 그리고 잠재적 투자자부터 함께 커피를 마시며 이야기를 나누고 싶다는 해당 분야 전문가까지 다섯 사람으로부터 연락을 받았다. 이후 일이 어떻게 진행되었는지 확인하려고 그에게 연락을 취하자, 그는 자신이 얻은 "홍보 개선 효과 및 잠재적 투자자와의 인맥 형성"의 가치를 "실제 투자로 이어질 경우, 거의 25만 달러 이상"이라고 판단했다.

또 다른 사례도 있다. 건강에 관심이 많은 한 최고기술책임자가 채식주의자를 위한 건강 및 체력 단련을 주제로 한 스타트업에 자문을 하던 중이었다. 그는 기비타스에서 그 스타트업이 '1월의 도전' 행사를 알리는 데 도움이 될 만한 조언과 연줄을 부탁했고, 그 결과 5개의 답변을 얻었다. 그중에는 생각지도 못한 아이디어와 오프라인에서 브레인스토밍을 해주겠다는 답변과 더불어, 리어나도 디캐프리오가 제작한 채식주의자 다큐멘터리 팀을 소개해주겠다는 값진 제안도 있었다. 결국 기비타스를 통해 소개받은 디캐프리오 팀이 소셜미디어에 '1월의 도전'을 공유해주었고, 현재 그들은 더욱 공고한 협업을 모색하는 중이다.

기비타스와 같은 플랫폼은 매번 같은 전문가나 늘 찾는 사람만 찾지 않고도 필요한 것을 얻을 수 있게 해준다. 광대한 네트워크를 통해 요청 사항을 널리 알릴 수 있기 때문이다.[31]

기술 선도적인 팀이나 기업이라면 처음부터 자체적으로 협업 플랫폼을 구축할 수도 있다. 예를 들어 세계적인 회계 및 컨설팅 회사 PwC는 사용자들이 직접 설계하고 통제하는, 인기 소셜 네트워크 기능을 통합한 시스템 스파크Spark를 만들었다.[32] 스파크는 출시 12개월 만에 10만 명의 적극적인 사용자를 확보했으며, 석 달 사이에 PwC 직원의 95퍼센트가 스파크에 가입했다.

석유 및 가스 회사 코노코필립스ConocoPhillips 역시 융통성 있는 네트워크, 민첩한 상호작용, 협업을 촉진하는 성공적인 플랫폼을 만든 또 하나의 사례다. 이 글을 쓰는 시점을 기준으로, 1만 3

천 명 이상의 직원들이 하나 이상의 지식 공유 네트워크에 가입해서 개인 대 개인으로 12만 5천 건이 넘는 문제를 해결했고, 수억 달러어치의 사업 가치를 창출했다.[33] 코노코필립스의 협업 기술 플랫폼CTP을 이끈 사람은 10년 동안 이 회사의 최고지식책임자였던 댄 랜타Dan Ranta다. 현재 그는 GE의 지식 공유 리더로서, 불과 2년 만에 코노코필립스보다 몇 배나 큰 회사 규모에 어울리게 147개의 활발한 사업 커뮤니티를 만들어 운영 중이다. 댄의 말에 따르면, 각 커뮤니티의 목표는 "적절한 시기에 적절한 사람들에게 적절한 지식을 전달하는 것"이다.[34] 신뢰는 댄의 최우선 관심사다. 그 목표를 위해 각 커뮤니티는 오직 회원들만 참여하도록 가입을 제한하고 있다. 그리고 커뮤니티는 관리가 매우 중요하다. 모든 콘텐츠는 핵심 팀에 의해 큐레이팅되며, 댄은 각 플랫폼의 성과를 모니터링하는 것 외에도, 정기적으로 코칭하고, 모범 사례를 공유하고, 내부적으로 벤치마킹하고, 커뮤니티를 만들고 지원하고 관리하기 위한 다양한 활동을 한다. "관리가 없으면 성공도 없다"는 게 댄의 말이다.

IBM의 경우 2007년부터 2011년까지 6만 5천 명이 넘는 전 세계 직원들이 사내 글로벌 소셜 네트워크 사이트인 비하이브Beehive에 가입했다. 로런 아퀴스타의 디지털 액셀러레이터 팀과 마찬가지로, IBM은 직원들이 플랫폼을 이용해 개인 정보를 공유하고, 가족과의 즐거운 한때를 찍은 사진을 게시하고, 개인적인 차원에서 접속하기를 권장했다.[35] 비하이브를 분석한 연구자들은 "사회적 차원의 교류가 개인적 만족감을 높여" 함께 일하고자 하는 동기를 강화했다고 보고한다.[36] 게다가 비하이브는 아이디어 생산, 신규 프로젝트 제안 및 협업, 업무 관련 피드백, 팀과 사일로 간의 새로운 연결고리 강화를 위해 게임적 요소를 도입했다. 하지만 인간적 차원에서의 교류가 이런 업무적 교류의 토대가 되었다.

그렇지만 끝내 IBM은 비하이브를 버리고 그 자리를 게임적 요소를 제거한 소셜블루SocialBlue로 대체했다.[37] 비하이브에서는 글, 사진, 코멘트를 올리는 사용자에게 점수를 주었다. 일정 숫자만큼 점수가 쌓이면 레벨이 상향 조정되었고, 각 사용자의 프로필 페이지에 새로운 레벨이 표시되었다. 하지만 이러한 게임적 요소를 제거하자 플랫폼 참여율이 급격히 감소했다.[38] 왜일까? 게임 기능을 없앰으로써 시스템이 비인격화되었고, 이로 인해 참가자들의 지속적인 사용과 참여를 촉진하는 소속감이 사라졌기 때문이다.[39]

이러한 사례는 직원들이 시스템에서 충분한 가치를 발견하지 못하고 동료들이 하나둘 그곳을 떠나기 시작하면 시스템을 버리게 된다는 연구 결과와 일치한다.[40] 협력 전문가 하이디 가드너Heidi Gardner는 말한다. "리더십이 뒷받침을 하지 못하고, 일정 수준의 문화적 변화가 없고, 다른 활동과 긴밀히 연계하지 못하면"[41] CTP(협력 기술 플랫폼)는 동력을 잃게 된다. 커뮤니티를 시작하고 모멘텀을 얻고 티핑포인트를 지나 자생적 상태에 도달하려면 시간, 인내, 창의력, 실험, 시행착오, 학습, 끊임없는 지원이 필요하다. GE의 댄 랜타는 이 과정을 짐 콜린스가 《좋은 기업을 넘어 위대한 기업으로》에서 묘사한 '플라이휠 효과flywheel effect'에 비유한다. 플라이휠을 밀면 천천히 돌아가기 시작한다. 그렇게 느리지만 꾸준히 탄력을 얻다 보면 결국 돌파구가 생긴다.

경계를 넘어 부탁하면 주고받음의 네트워크가 확장되고 필요한 답변이나 자원을 100퍼센트 얻을 수 있게 된다. 경계 너머와 연결해주는 조직 관행으로는 상호 협업 워크숍, 지속적인 교육 프로그램, 유연한 예산 책정, 자문 집단 등이 있다. 무작위 만남, 대규모 행사, 화상회의, 메시지 어플, 협업 기술 플랫폼과 같은 기술은 세계의 빗장을 열어준다. 이 중 아무 도구나 골라서 실험해보라. 혹시 초반에 반응이 시시해도 플라이휠 효과를 기억하라. 계속 노력하라는 말이다. 완만하지만 끈질기게 밀어붙이다 보면 모멘텀이 생기고 경계를 넘어 도움을 청하고 베풀고 받는 문화가 정착될 것이다.

1. 우리 회사에서는 내부나 외부의 경계 너머로 도움을 부탁하는 게 얼마나 어려운, 또는 쉬운 일인가? 그 이유는 무엇인가?

2. 우리 조직에는 사일로 문제가 없는가?

3. 가장 해결하기 쉬운 곳, 즉 사일로를 서로 연결했을 때 큰 이익을 얻을 수 있는 곳이 어디인가?

4. 3번에서 발견한 기회를 활용하려면 어떤 조직 관행이 가장 적합할까? (도구를 하나 이상 사용해도 좋다.)

5. 어떤 기술이 경계를 넘어 부탁하는 데 도움이 될까?

6. 실험하라! 포기하지 말고 계속 시도하라. 끈질기게 플라이휠을 돌려라.

7장

부탁하는 사람에게
보상해야 하는 이유

논문을 발표하는 데 집중하던 풋내기 조교수 시절, 나는 손도 댈 수 없는 통계 문제나 낯설고 생소한 통계 방식과 종종 마주쳤다. 통계에 문외한은 아니었지만, 그렇다고 세계적인 통계학자라고도 할 수 없었던 나는 어느 순간 문제가 도무지 안 풀리자 통계 전문가 교수를 찾아가 도움을 받아야겠다고 다짐했다. 교수는 눈알을 굴리며 다음과 같이 말한 다음에야 내 질문에 답을 했다. "대학원에서 다들 배우는 줄 알았는데요. 교수님은 안 배우셨나 봐요." 해결책은 얻었지만 그의 말에 너무나 기분이 상해서 며칠 동안 프로젝트에 손도 대지 못했다.

그렇지만 도움의 손길이 필요해지자 나는 또다시 그를 찾았다. 지난번엔 일진이 안 좋아서 그랬겠거니 하는 생각에서였다. 이번에는 그가 내 질문을 듣더니 한숨을 쉬며 이렇게 말했다. "이게 통계학 기본서에 나온다는 걸 모르면 간첩이죠." 그런 다음 책장에서 두툼한 책을 꺼내 내게 건네주었다. 전처럼 답은 얻었지만 나의 자존심은 멍투성이가 되었다.

두 번 연달아 상처를 받자 세 번째는 겁이 났다. 결국 나는 다른 전문가를 찾아서 도움을 요청했다.

그의 반응은 천지차이였다. "이거 흥미로운 질문이네요!" 그가 말했다. 그러더니 왜 이게 흥미로운 질문인지 설명한 다음 나와 함께 문제를 풀어나갔다. 이번에 난 필요한 도움을 얻었을 뿐 아니라 뭔가 해보고 싶다는 동기까지 얻었다. 나는 몇 번 더 그를 찾아갔다. 그때마다 긍정적인 경험을 했고, 우리의 동료애도 강화되었다. 결국 우리는 프로젝트를 공동으로 연구하게 되었고, 최고 학술지에 공동으로 논문을 발표했다.

우리 사회에서 도움을 베푸는 행위는 감사의 형태로든 신분 상승의 형태로든 보상의 형태로든 언제나 인정받고 보상받는다. 하지만 도움을 부탁하는 행위는 어떨까? 어떤 사람들은 도움을 받는 것 자체가 보상이라고 주장할지도 모른다. 하지만 내 이야기에서 알 수 있듯, 모든 도움이 똑같은 건 아니다. 어떻게 돕는지—어떻게 요청을 받아들이는가, 어떻게 나를 대하는가, 어떻게 도움을 주는가—에 따라 부탁이 몸에 배도록 북돋는가 아닌가가 결정된다.

그렇기 때문에 부탁하는 사람에게 감사를 표하며 인정하고 보상하는 것이, 도움을 베푸는 사람에게 그렇게 하는 것만큼 중요하다. 이번 장에서는 주고받음의 순환을 강화하는 공식적·비공식적 관행을 몇 가지 설명하려 한다. 팀과 기업이 어떻게 베풂과 받음 모두를 보상함으로써 이익을 얻는지, 어떻게 이런 관행이 앞 장에서 배운 도구들을 지원하고 강화하는지 보여줄 것이다.

인정이 직장에 미치는 효과

훌륭한 성과를 내서 인정받았던 때를 떠올려보라. 칭찬한 사람이 상사일 수도, 코치일 수도, 선생님일 수도, 부모님일 수도 있을 것이다. 잠시 짬을 내서 눈을 감고 그 경험을 소환해보라.

어떤 기분이 드는가?

기억과 함께 좋은 감정이 일어났으리라 확신한다. 인정은 인간의 기본적인 욕구이니 말이다. 인정은 우리가 가치 있고, 조화를 이루고, 소속되고, 받아들여지고, 환영받는다는 표현에 다름 아니다. 인정을 받으면 동기가 부여되고, 인정을 못 받으면 의욕이 꺾인다. 연구에 따르면, 인정은 일터에도 무수한 이익을 가져다준다. 인정받는다고 느끼는 사람들은 직장에서 더 적극적이고, 더 생산적이고, 더 만족감을 느낀다.[1] 또한 더 많이 노력한다. 사람들을 더 많이 신뢰하고, 변화의 가능성에 더 많이 흥분한다. 게다가 그만둘 가능성도 적다. 상사들이 직원의 안녕을 위해 긍정적이고 인간적인 일터를 만들고 싶어 한다고 믿기 때문이다.[2] 칭찬을 받으면 심지어 도파민 수치가 상승해서 긍정적인 감정을 북돋는다.

안타깝게도 글로보포스 직장연구소Globoforce Workplace Research Institute의 조사에 따르면, 미국의 정규직 직원 중 20퍼센트 이상이 직장에서 자신의 노고에 대해 인정을 받은 적이 없다고 답했다.[3] 30퍼센트는 지난 6개월 넘게 인정을 받은 적이 없다고 답했다. 이는 직원들이 인정받는다고 느끼는 문화가 주는 크나큰 혜택을 많은 고용주들이 포기하고 있음을 의미한다.

그래닛 컨스트럭션Granite Construction, Inc.의 전직 부사장 겸 법인세 책임자 데이비드 그라지언David Grazian은 "인정을 받지 못하면 사람들은 이렇게 자문합니다. '내가 왜 이 일을 하는 거지? 어차피 아무도 신경 안 쓰는데 말이야'"라고 말한다. 그래닛 컨스트럭션은 캘리포니아에 본사를 둔 30억 달러 규모의 건설회사로, 포브스가 꼽은 미국에서 가장 신뢰할 수 있는 기업 중 하나다.[4] 데이비드는 말한다. "사람들은 인정받고 싶어 합니다. 자신을 알아봐주고 칭찬해주길 원하죠."[5]

누구에게나 인정할 거리는 굉장히 많다. 자신의 장점과 기술을 효과적으로 사용한 것에 대해, 성과와 성취와 대해, 조직의 목표·사명·비전에 기여한 부분에 대해….[6] 하지만 이번 장에서는 특히 인정을 함으로써 도움을 청하고 베풀도록 북돋는 법에 초점을 맞추려 한다. 여기서 읽게 될 대부분의 관행은 원래 부탁이 아니라 베풂에 감사하기 위해 고안된 것들이지만 도움을 청하는 사람을 인정할 때도 적용할 수 있다. 때로는 관점의 전환이 필요한 법이다.

부탁해줘서 고마워요!

우리는 매일 다른 사람들로부터 도움을 받고 또 부탁을 받으며 감사할 기회와 숱하게 마주한다. 최고의 인정은 빈번하고 반복적인 것이다. 그렇기에 비공식적이고 일상적인 인정이 그토록 효과가 있는 것이다. "격식 있는 칭찬은 어쩌다 한 번씩 듣는 거죠. 유통 기한도 짧아요"라고 데이비드 그라지언은 지적한다. "인정과 관심은 일상에서 규칙적으로 표현되어야 해요. 누구나 자신이 하는 일에 대해 이해와 인정을 받고 있다고 일상적으로 느낄 필요가 있어요."

하지만 효과가 있으려면 인정에 진심이 담겨 있어야 한다. "진심 어린 인정을 받으면 사람들은 자신이 이해받는다고, 온전하다고, 기여하고 있다고 느끼게 됩니다." 글로벌 인정 및 연대 회사인 O. C. 태너 인스티튜트O. C. Tanner Institute의 이사이자 《감사를 표하라: 칭찬이 위대함을 깨운다Appreciate: Celebrating People, Inspiring Greatness》의 공동 저자인 케빈 에임스Kevin Ames는 말한다.[7] 인간의 더듬이는 진정성이 결여된 것에 대해 예민하게 작동한다. 그러므로 인정 프로그램 및 관행은 진심으로 인정하기 위해 사용하지 않으면 완전히 실패한다.

캔디스 빌럽스Candice Billups는 미시간 대학병원의 관리인으로 30년 넘게 근무했다. 그녀는 암 병동의 바닥을 닦고 광내고, 화장실을 청소하고, 휴지·티슈·종이타월을 채워 넣고, 화학약품 자국이나 환자의 토사물, 실수로 흘린 대소변을 치우는 일을 한다. 하지만 누군가 물어보면 캔디스는 자신이 하는 일이 대민 업무라고 답한다. 실제로 그녀는 환자들과 대화하고, 농담하고, 그들을 웃게 하고, 위로하고, 절친한 친구가 되어준다. "저는 환자들을 사랑합니다"라고 캔디스는 말한다.[8] "그들 모두 사랑해요. 집에 돌아가면 마음이 아주 뿌듯하지요." 병원 경영진들도 캔디스를 진심으로 인정한다. 이를테면 전체 병원 직원들에게 그녀의 헌신과 봉사 정신을 칭찬하는 쪽지를 전달하는 식으로 말이다.

많은 회사들이 직원들을 격려하기 위해 공식적 인정과 비공식적 인정을 함께 사용하면서 더불어 보상, 특전, 기타 물질적 사례를 지급하는 시스템을 사용한다. 동기 부여 전문 심리학자들은 인정과 보상 같은 외부적 동기 요인이 일에서 얻는 개인적 만족 같은 내적 동기 요인을 방해하거나 또는 '밀어낸다'고 우려한다. 그렇지만 캔디스의 경우에는 확실히 다르다. 사실 이 주제에 대한 40년간의 과학 연구를 메타분석해본 결과, 금전적 보상이 주어지더라도 내적 동기가 업무 성과에 중간 이상의 영향력을 발휘한다고 한다.[9] 내적 동기 요인과 외적 동기 요인은 모든 작업 상황에 공존한다. 진정한 기여문화 조성을 위한 최고의 접근법은 이들 사이에 실행 가능한 균형점을 찾는 것이다.

어떤 팀 도구(5장 참조)나, 경계를 넘어 부탁하는 어떤 조직 관행 또는 기술(6장 참조)에도 인정을 관행처럼 만들어 추가할 수 있다. 인정의 표현은 팀 전체에 전하는 감사 인사일 수도 있고("오늘 부탁해줘서 고마워요, 여러분!"), 또는 일대일로 전하는 말일 수도 있다("오늘 질문해줘서 고마워요. 중요한 이슈였어요. 우리 모두 배워야겠어요"). 새 팀이 가동되기 전인 '비행 전 단계'는 인정─도움을 청하고 베푸는 행위 모두에 대해─을 하나의 규범으로 정착시킬 좋은 기회다("도움을 청하는 게 도움을 베푸는 것만큼 성공에 중요하다는 것을 압니다. 그러니 도움을 청한 사람, 베푼 사람 모두에게 반드시 감사하도록 합시다"). 또한 '비행 후 단계'는 뒤돌아보며 다음과 같이 질문할 수 있는 기회다. "도움을 베푼 사람뿐 아니라 청한 사람들에게도 인정과 감사를 표했나요? 무엇을 잘했고 다음엔 어떤 것을 더 잘할 수 있을까요?"

상대를 인정하는 최고의 방법은 무엇일까

데버라는 내 밑에서 일했던 최고의 행정 보조였다. 그녀는 대화를 할 때 내게 온전히 관심을 집중했다. 그녀에게 무언가를 부탁하면 100퍼센트 신뢰할 수 있었다. 일이 제시간에 마무리되지 않거나 잘못될 수 있다는 걱정 따위 할 필요도 없었다. 심지어 때로는 내가 부탁하기도 전에 무엇이 필요한지 짐작하고 도와주기도 했다. 그녀는 누구에게나 이렇게 행동했고, 우리는 그녀의 수고에 감사를 표하고 싶었다. 그래서 꽃다발과 감사 카드를 사서 전 직원이 보는 앞에서 공개적으로 전달하기로 했다. 하지만 우리 계획을 눈치챈 그녀는 너무 부끄러운 나머지 사무실에서 거의 도망치다시피 했다. 그때 우리는 실수를 깨달았다. 그녀는 조용하고 수줍음이 많고 내성적이어서 자신에게 관심이 집중되는 것을 싫어했다. 그녀에겐 공개적인 감사가 보상보다는 벌처럼 느껴지는 게 당연했다. 다행히 우리는 제때 이 사실을 파악했고, 작고 조용한 비공식적 모임을 이용해 그녀의 책상 위에 꽃과 카드를 올려놓았다.

"상대를 인정해주는 최고의 방법은 무엇인가요?" 대답하기 곤란한 질문이다. 최고의 방법은 없다. 사람들이 인정받기를 원하는 방식은 많고도 다양하다. 그러니 각자를 개인으로서 살피고 그들의 성격을 고려하는 게 중요하다. 이 사람은 크고 공개적인 자리에서 인정받기를 원할까? 아니면 조용히 따로 불러 말로 표현하는 쪽을 선호할까? 쪽지나 전화, 포스트잇, 이메일, 문자가 더 편할까? 아니면 감사장, 뉴스레터를 통한 감사 인사, 회의나 행사장에서의 공개적인 발표를 좋아할까? 인정하는 행위가 의미 있으려면 상대방에게 맞는 방식을 택해야 한다.[10]

"칭찬은 구체적일 때 더 의미 있다는 것을 끊임없이 깨닫고 있습니다"라고 징거맨 사업공동체의 공동 창업자 겸 최고경영자인 아리 웨인즈웨이그Ari Weinzweig는 말한다. "보편적인 감사와 칭찬도 좋지만, 우리가 무엇을 정말 가치 있게 여기는지 분명히 밝히면 더 도움이 됩니다. 그래야 직원들이 업무 효율성을 높이려면 어디에 더 신경 써야 할지 알 테니까요."[11] 맞춤식 인정은 사람들이 무엇을 소중히 여기고 의미 있게 생각하는지에 당신이 관심을 기울이고 있음을 보여준다.

5장에서 언급했던 나의 에이전트 짐 러바인은 부탁을 인정하는 관행이 자신의 에이전시에 돌파구를 마련해주었다고 말한다. 에이전시의 서면 지침에 부탁을 격려하는 문구가 노골적으로 명시돼 있었음에도 그는 사업 팀장 보조인 크리스텔라와 업무 점검 회의를 하다가 그녀가 도움이 필요한데도 부탁하지 않았다는 사실을 알게 되었다. 짐을 비롯한 경영진이 도움이 필요하면 소리 높여 말해달라고 전 직원에게 분명히 밝혔는데 제대로 전달이 안 된 거냐고 묻자 그녀가 말했다. "제대로 전달은 됐어요. 그런데 아시다시피 제가 수줍음이 많아서요."

짐은 언제나 일대일 대면과 격주로 열리는 회의에서 직원들의 노고를 인정해주려고 추가적인 노력을 기울인다. 그러나 갑자기 자신이 '부탁'에 대해선 인정하지 않았다는 사실을 깨달았다. 그 부분 역시 에이전시의 문화에 완전히 녹아 있다고 짐작했던 것이다. 다음번 직원회의에서 그는 부탁한 사람의 이름을 대면서 감사의 표시를 하라고 모두에게 분명히 전달했다.

짐작했겠지만 얼마 안 있어 크리스텔라가 경영진을 찾아와 에이전시에서 "더 큰 역할"을 맡고 싶다고 부탁하여 모두를 흐뭇하게 했다. 그 부탁에 선임 에이전트인 빅토리아가 크리스텔라에게 윈고 검토 같은 편집 업무를 가르치자고 제안했다. 크리스텔라의 리뷰는 훌륭했다. 빅토리아와 짐은 물론 그들의 고객인 작가들마저 인정할 정도였다. 그들은 편집 검토 과정에서 그녀의 역할을 계속해서 확대하고 있다.

이 이야기가 주는 교훈은 무엇일까? 아무리 부탁을 독려하는 문화를 조성하고 있다고 생각돼도 특정한 개인들까지 설득하려면, 그리고 정기적 소통을 통해 부탁을 더욱 독려하고 인정하려면 추가적인 조치가 필요하다는 것이다.

스탠드업 회의, 즉석 회의, 교차 협업 워크숍, 또는 대규모 행사에서는 말미에 감사를 표하며 부탁을 해준 것에 대해 현장에서 비공식적으로 간단히 인정해줄 수 있다. 무작위 만남, 메시지

어플, 또는 협업 기술 플랫폼에서 받은 부탁에 감사를 표하거나 칭찬하는 건 그보다 훨씬 쉽다. 나의 경우 학생들로부터 이메일로 부탁을 받으면 보통 "물어봐줘서 고마워요!"라는 문장으로 답신 메일을 시작한다. 기비타스에서는 부탁 글에 답을 달면서 "게시해줘서 고마워요!"로 시작하는 경우를 많이 보았다. 물론 개인적으로 인정해줄 수도 있다. 내 부탁에 "그거 흥미로운 질문이네요!"라고 말해준 두 번째 통계 전문가처럼 말이다. 그런 비공식적인 인정은 누구에게나 도움을 요청해도 괜찮을 뿐 아니라 실제로 부탁이 권장되고 있음을 상기시켜준다.

또 다른 관행은 전문 코치인 메리언 J. 데어Marian J. Their가 개발한 '주머니 속의 동전'이다.[12] 리플랙티브Reflektive의 마케팅 책임자인 대니 팽크하우저Dani Fankhauser가 기브앤테이크 블로그 게시판에 이 훈련법에 대한 설명을 올린 바 있다.[13] 일단 아침에 오른쪽 주머니에 동전 10개를 넣어둔다. 그리고 낮 동안 감사를 전해야 할 사람을 찾는다. 감사 표현을 할 때마다 동전을 하나씩 왼쪽 주머니로 옮긴다. 목표는 퇴근하기 전까지 동전을 모두 왼쪽 주머니로 옮기는 것이다. '주머니 속의 동전'과 같은 훈련법은 감사에 대한 인식과 관심을 높인다. 그리고 도움을 청하고 베푸는 사람들을 인정할 수 있는 기회가 언제나 주변에 널렸음을 알려준다.

감사의 벽

긍정조직센터에서는 도움을 주고받는 행위에 감사를 표하기 위해 '설탕 조각Sugar Cubes'이라는 도구를 사용한다. '설탕 조각'이란 복도 줄에 걸려 있는 형형색색의 봉투들을 말한다. 긍정조직센터 회원 모두 봉투를 가지고 있으며 학생, 직원, 교수, 심지어 방문객조차 감사와 축하의 글을 나누거나, 경우에 따라선 도움을 주기 위해 봉투를 사용한다.

학기가 시작되면 금요일마다 대학생 50명이 직원 및 학자들과 긍정조직센터 워크숍에서 모인다. 이윽고 모임이 시작하면 참가자들은 방을 돌아다니며 그 주에 있었던 좋은 일을 공유한다. 한 번은 댄(가명)이라는 학생이 "힘든 한 주였다"라고 고백하면서 취업 실패 소식, 침체된 동아리 분위기, 오랜 파트너와의 갈등을 비롯해 한 주 동안 줄줄이 일어난 실망스러운 일들에 대해 털어놓았다.[14] 선임 부이사 겸 교육 담당자였던 벳시 어윈Betsy Erwin은 그의 말을 도움이 필요하다는 신호로 해석했다. 벳시가 내게 말했다. "이전에 MBA 취업정보팀에서 일했었어요. 그래서 제가 댄에게 도움이 될 거라 생각했죠." 벳시는 '설탕 조각' 봉투에 힘든 한 주를 상세히 공유해줘서 고맙다는 말과 함께 조언이 필요하면 도와주겠다는 쪽지를 댄에게 남겼다. 댄은 도움을 요청할까 말까 약간 망설이다가 고민을 나누어줘서 고맙다는 벳시의 말에 용기를 얻었다. "일주일 뒤, 그리고 그 후로도 몇 차례 우리는 커피를 마시며 진로 상담을 했죠." 벳시는 말했다.

'설탕 조각'은 긍정조직센터의 상무이사 크리스 화이트가 청소년 리더 개발에 전념하는 글로벌 플랫폼 AIESEC에 학생으로 참여하면서 배운 도구다. 원래는 달콤한 감상(여기서 딴 이름이다)을 남기기 위해 사용되었는데, 보통 '감사의 벽'이라 부르는 방식의 한 예다. 감사의 벽은 감사를 표하는 흔한 실천법인데 여기에는 다양한 형태가 있다. 6장에서 언급했던 사회 혁신 연구소 호프랩에서는 벽에 빈 '감사' 카드를 진열해놓는다. 감사를 표하고 싶은 직원은 카드에 메모를 한 후 당사자에게 직접 전달하거나 다시 벽에 붙여놓는다. 연구에 따르면, 감사를 표현하면 감사를 전하는 사람과 받는 사람 모두에게 장단기적으로 긍정적인 영향을 미치며 주고받음의 순환을 촉진한다.[15] 누구나 감사의 벽을 이용해서 도움을 준 사람과 부탁한 사람에게 감사를 표할 수 있다.

공식적인 인정 프로그램

감사를 표할 수 있는 창의적인 방법을 떠올리려면 정말 끝도 없다. 나의 예전 박사과정 학생 캐스린 데카스Kathryn Dekas가 구글에 취직한 지 얼마 되지 않았을 때였다. 그녀의 팀 매니저가 팀원들의 노고에 감사를 표하기 위해 오후 시간을 내서 실내 스카이다이빙 경험을 선사했다. 실내 스카이다이빙은 바람이 나오는 수직 터널로 뛰어든 뒤 공기 기둥 속을 '날면서' 스카이다이빙의 짜릿한 기분을 맛보는 기발한 활동이다. 캐스린은 현재 구글의 인재개발원(PiLab으로 알려져 있다)의 책임자로 일하고 있는데, 그녀의 스카이다이빙 경험은 구글이 직원들에게 감사를 표하는 다양한 방법 중 하나의 예시에 불과하다.

기발한 체험과(파티, 스파, 리조트 방문 등등) 외에도 구글은 베푸는 행위에 감사를 표하기 위해 공식적인 인정 프로그램 및 도구를 다수 보유하고 있다.[16] 하지만 이런 것들은 도움을 청하는 행위에 감사를 표하는 데도 똑같이 사용할 수 있다. 직원들이 서로에게 감사 쪽지를 보낼 수 있도록 만들어진 지생스gThanks도 그중 하나다. "상대방의 이름을 입력하고, '칭찬'을 누른 뒤 메시지를 입력하면 됩니다." 전직 구글 인사부문 수석부사장 라즐로 복Laszlo Bock의 설명이다.[17] 그러면 수신자의 매니저에게 자동으로 통보되고 칭찬이 공개돼 전 직원이 볼 수 있다. 복은 한술 더 떠서 사무실에 '행복의 벽'을 마련해 팀원들의 칭찬 메시지를 출력해서 걸어놓았다.[18] 지생스의 동료 간 보너스 선물하기 기능은 구글러들로 하여금 주어진 업무 외의 일들까지 해낸 동료들을 인정해주도록 독려한다. 수령인은 현금 175달러를 보상으로 받는다. 이때 수령인의 매니저에게 이 사실이 통지는 되지만 사전 승인을 받을 필요는 없다. 관리자 또한 회사에 기여한 직원들에게 특별 보너스를 지급한다. 기여도가 클수록 보너스도 커진다는 게 구글 보상 전문가인 메리 베스 하이네Mary Beth Heine의 말이다.[19]

이런 관행은 구글에만 있는 게 아니다. 미국 내 조직들의 80퍼센트 이상이 다양한 형태의 직원 인정 프로그램을 가지고 있다.[20] 예를 들어 샌프란시스코베이의 HR(인사 관리) 아웃소싱 회사로 현재 HUB인터내셔널에 소속된 알젠티스Algentis가 개발한 하이파이브High-5를 보자. 5장에서 만났던 알렉시스 하셀버거의 말에 따르면, 직원들은 이 프로그램을 이용해 "동료를 돕기 위해 발 벗고 나선" 다른 직원에게 하이파이브―25달러짜리 아마존 상품권―를 줄 수 있다. 하이파이브를 사용할 때는 관리자의 승인이 필요 없다. 직원들은 한 달에 두 번까지 하이파이브를 선물할 수 있다. "하이파이브가 팀 간 협업을 실질적으로 증가시켰죠"라고 알렉시스는 말한다. "게다가 동료를 돕는 직원들이 눈에 띄게 많아졌어요." 이를 통해 도움을 청하는 사람들에게 하이파이브를 수여하는 관행이 협업과 팀워크에 얼마나 긍정적인 영향을 미치는지 쉽게 알 수 있다.

보스턴의 한 기술 스타트업은 동료를 도와준 팀원을 칭찬하는 공식적인 가치 지명 프로그램을 운영하고 있다. 매주 금요일, 모든 직원은 팀원을 지명해달라는 요청 이메일을 받는다. 누가 누구를 지명하든 상관없다. 그러면 최고경영자가 일요일에 모든 지명자의 이름이 적힌 이메일을 사내에 전달한다. 지명된 사람의 이름은 슬랙의 '가치' 채널에도 올라간다. 연구에 따르면 회사의 핵심 가치와 연계된 인정 프로그램은 그렇지 못한 프로그램보다 훨씬 효과적이다.[21] 그러니 부탁을 통해 회사의 핵심 가치를 실천한 사람들을 치하해주는 건 어떨까?

이제껏 내가 언급한 공식적인 인정 도구들을 자체적으로도 만들 수도 있지만 이미 만들어진 인정 플랫폼도 많다. 예를 들어 O. C. 태너에서 제공하는 인정 및 보상 도구들은 전 세계적으로 사용자가 1300만 명이 넘는다. 리워드게이트웨이Reward Gateway, 할로레커그니션Halo Recognition, 보너슬리Bonusly 및 기타 제3의 플랫폼들에는 동료에게 보너스, 칭찬, 축하 등을 전달할 수 있는 기능이 있다. 알래스카 앵커리지의 쿡인렛리전Cook Inlet Region, Inc.은 구글의 지샌스와 개념적으로 유사한 P2P 소셜 인정 플랫폼 쿠도스나우KudosNow를 사용한다. "우리는 회사의 가치를 실천하는 직원들을 인정해줄 방법을 찾으려 노력합니다."[22] 이 회사의 인사 담당 수석 매니저 몰리 웹Molly Webb의 설명이다. 이들은 매달 '보상 및 인정 위원회'를 통해 "명예와 존경" 같은 다양한 도전 과제를 제시한다. 아마 언젠가는 부탁하기를 월간 도전 과제로 삼지 않을까!

글로벌 미디어 기업 CTB는 동료 간 보너스 제공 시스템으로 유언드잇You EarnedIt!이라는 플랫폼을 사용한다. 사무실과 근무 현장이 전 세계에 흩어져 있어도 이 도구만 있으면 누가 어디에 있든 쉽게 칭찬할 수 있다. 사업 운영 프로그램 관리 책임자인 키란 차우드리 렌즈Kiran Chaudhri Lenz는 말한다. "유언드잇은 매우 공정하고 가시적입니다."[23] 인정을 받을 때마다 점수가 쌓인다. 수령인은 이 점수를 상품권, 자선 기부금, 또는 회사 기념품으로 바꿀 수 있다. 키란의 말에 따르면 일부 직원들은 자신의 점수를 사용해 동료를 칭찬할 수 있는 점수를 더 구입하기도 한다. 내가 설명한 모든 도구들과 마찬가지로, 유언드잇 역시 도움을 청하고 베푸는 행위 모두를 칭찬하는 데 유용하다. 그렇다고 시스템을 재프로그래밍할 필요는 없다. 그냥 좋은 질문과 부탁에 유언드잇 점수를 부여하면 된다.

산 사나이와 마차 행렬

라비는 "여행 잘 다녀와"라고 외치는 동료에게서 싸늘한 질투심을 감지했다. 다음 날 그녀는 무료 하와이 여행을 떠났다. 최근 판매 실적 1위에 올라 회사로부터 받은 포상 휴가였다.[24] 라비는 자신의 눈부신 판매 실적이 동료가 공유해준 노하우 덕분임을 알았다. 그렇지만 회사는 영업사원들에게 서로 조언을 주고받고 도우라고 장려하면서도 보상을 공유하는 방법에 대해서는 신경 쓰지 않았다.

라비의 이야기는 "B를 바라면서 A에 보상하는 어리석음"[25]이라는 흔한 문제의 좋은 사례다. 회사는 영업사원들 간의 협력을 장려한다고 주장하지만, 실상은 개인의 성과만 보상함으로써 경쟁을 부추기고 있었다. 안타깝게도 이런 문제는 드문 일이 아니다. 나의 동료이자 보상 전문가인 존 트로프먼John Tropman 은 이를 '산 사나이와 마차 행렬'이라고 부른다.[26] 산 사나이는 살아도 혼자 살고 죽어도 혼자 죽는 단호한 개인주의자다. 반면 마차 행렬은 서로 협력해 생존 확률을 높이는 정착민들의 마차 대열이다. 존이 설명하듯, 실제로는 팀과 회사가 효율성을 발휘해 마차 행렬을 움직였는데도 많은 보상 시스템이 산 사나이에게만 보상을 준다.

다행히 기대 행동을 했는지를 중심으로 보상하는 시스템을 운영함으로써 이런 어리석음을 막을 수 있다.

애자일한 성과 관리

세계 최대의 전문 서비스 회사인 딜로이트Deloitte 는 전통적인 성과 관리 시스템을 폐기하면서, 동시에 연초 목표 설정과 연말 실적 검토라는 연례행사를 없앴다.[27] 다른 회사들도 마찬가지다.[28] 성과 관리에 대한 전통적인 접근법(미래의 실적을 개선하는 것보다 과거의 결과를 책임지는 것에 더 집중하는 접근법)은 일관성도 없고 시간도 많이 축내면서, 속도와 민첩성이라는 시대적 요구에도 맞지 않다. 연말마다 연초에 세운 목표를 되돌아보는 것은 "오래된 사진첩을 들여다보는 것과 같다"라고 딜로이트의 성과 담당자 에리카 뱅크Erica Bank 는 말한다.[29] 사진을 들여다봤자 다 지나간 옛날인 것이다. 그래서 딜로이트는 낡은 시스템을 버리고 업무의 실제 속도와 리듬을 반영하는 시스템으로 대체하는 일에 착수했다.

딜로이트의 업무는 프로젝트 기반이기 때문에 매 프로젝트가 끝날 때마다 프로젝트 매니저나 리더가 각 팀원들의 '성과 스냅샷'을 기록한다. 이 스냅샷은 네 가지 질문과 코멘트로 구성된다.[30] 그 사람이 한 일이 어떤 가치를 지니는지, 그 사람이 결과를 얻기 위해 어떻게 일했는지를 파악하기 위한 것이다. 또한 승진 준비가 되어 있거나, 실적이 저조할 위험이 있거나, 시정조치가 필요한 직원을 식별한다. 에리카는 보통 한 사람이 1년에 7~12개의 성과 스냅샷을 가지게 된다고 말한다. 지금까지 가장 많은 건 42개였다. 프로젝트 기반 업무를 하지 않으면 성과 스냅샷을 1년에 네 번 만든다. 개별 스냅샷의 결과를 공개적으로 공유하지는 않지만 적어도 1년에 한 번, 많게는 네 번까지, 자신이 전체에서 어디쯤 위치하는지 보여주는 산포도를 확인할 수 있다. 이는 그 사람이 어떤 일을 제대로 하고 있는지, 행동을 개선하거나 바꾸려면 어떻게 해야 하는지에 대해 리더와 대화를 나눌 때 근거 자료가 된다. 예를 들어 이를 토대로 혼자 일을 진행하지 말고 좀 더 자주 도움을 요청하라는 지도를 받을 수도 있다.

체크인check-in은 시스템의 또 다른 기능이다. 매주 또는 격주마다 직원이 리더에게 현재, 그리고 단기적으로 진행 중인 일에 대해 짧게 대화를 나누자고 요청하는 것이다. 절대 리더가 먼저 요청진지 않는다. 에리카의 말에 따르면, 체크인은 "부탁을 정상화"한다. 그것은 "관심이나 피드백, 도움을 요청해도 괜찮다는 조직의 승인"이다. 이를테면 직원이 매니저에게 다음과 같이 말하며 체크인을 요청할 수 있다. "중요한 고객과 회의가 잡혀 있는데 도움이 필요합니다."

연말에는 1년 내내 실시간으로 포착한 성과 기록을 바탕으로 보상 여부를 결정한다. 이런 데이터에는 성과 스냅샷, 활용 및 판매 실적 같은 측정 지표, 그리고 세미나 주도나 강의 진행처럼 회사를 위해 했던 기타 활동이 포함된다. 에리카의 말에 따르면, 그 결과 진행 중인 업무와 협업 및 팀워크를 고려한 보상, 정량적 결과를 놓고 아주 세밀한 대화가 이루어진다.

'제로 다크 서티Zero Dark Thirty' 그리고 보상 및 혜택 공유를 위한 기타 미니게임들

"우리에겐 더 많은 고객 불만이 필요합니다!" 징거맨 사업공동체(이하 ZCoB)의 최고행정책임자인 론 마우러Ron Maurer가 이렇게 소리쳤다. 론은 모든 ZCoB 사업체에 공유 서비스(인적 자원, 기술, 마케팅, 금융, 회계, 웹 등)를 책임지고 제공하는 징거맨 서비스 네트워크Zingerman's Service Network(이하 ZSN)를 이끌고 있다. 이 사업체들은 ZSN의 고객으로, 그들로부터 더 많은 불만을 이끌어내는 것이 ZSN 미니게임의 목표였다. 미니게임은 사람들이 문제를 바로잡고 기회를 이용하도록 고안된 간단하고 재미있는 훈련법이다. 물론 ZSN 미니게임의 목표는 더 많이 실수를 저질러서 불만을 유발하는 것이 아니라, ZSN이 불만을 살 일을 했는지 안 했는지를 알아내서 개선하는 것이었다.

　보통 기업들은 칭찬은 기다리고 불만은 무시하는 게 다반사다. 하지만 ZSN은 상황을 주도하기 위해 미니게임을 사용하기로 결정했다(이 미니게임은 성탄절 연휴 10주에 걸쳐 시행되었기 때문에 "초록, 빨강과 함께 즐거운 시간을Get Merry with Green & Red"이라고 불렸다). 이에 따라 ZSN '참여자'들은 칭찬(초록색 코드)과 불만(빨간색 코드) 사항을 전부 알려달라고 부탁하고 그 내용을 기록했다. 그리고 문제를 해결하라는 임무를 안고서 모든 ZCoB 사업장에서 열리는 주간 즉석 회의에 파견되었다. 미니게임의 결과는 초록색과 빨간색의 개수와, 절차를 개선한 건수를 바탕으로 세 단계로 나뉘었는데, 각 단계에 도달할 때마다 보상이 주어졌다(자세한 게임 방법은 부록을 참조하라). 예를 들어 10주 안에 3단계에 도달하면 150달러를 받는다. 이 게임이 의미 있는 이유는 보상 그 자체가 아니라, 보상을 하는 방식 때문이다. 이 게임에서는 개인의 성과가 아니라 팀이 성취한 결과를 토대로 보상을 한다. 상금을 나누기 때문에 모든 팀원이 현금을 보너스로 받거나 아니면 아무도 못 받는다. 다시 말해 이 미니게임은 참가자들이 서로 협력하도록 유도하고 경쟁을 멀리하도록 고안된 것이다.

아틀라스 홀세일 푸드 컴퍼니Atlas Wholesale Food Company의 최고 경영자 존 콜John Kohl 역시 3대째 내려오는 가족 사업에 비슷한 전략을 사용했다. 하지만 그가 고안한 첫 번째 미니게임은 전례 없이 실패했다. 예상과 달리 직원들의 호응도가 낮았다. 존은 곧 문제가 뭔지 알아냈다. 사람들은 자신이 직접 만든 것을 응원한다는 사실이었다. 그때부터 그는 자신은 뒤로 빠질 테니 직원들에게 직접 미니게임을 설계해보라고 제안했다.

그러자 직원들의 상상력과 창의력이 폭발했다. 그렇게 탄생한 것이 야간 근무 시 집품 오류(그 결과 물건이 엉뚱한 곳으로 배송되었다)를 줄이기 위해 설계한 '제로 다크 서티: 오류 암살 퀘스트Zero Dark Thirty: The Quest to Assassinate Errors'다. 이 게임의 보상 방식 역시 ZSN 미니게임과 마찬가지였는데, 모든 참가자가 상(전동공구 세트나 고급 공구상자 중에 택일)을 받거나, 아니면 아무도 못 받는 형태였다. 게임을 실시한 지 4주 만에 주문 오류는 37퍼센트나 감소했다. 그리고 4주 뒤에도 개선 결과가 유지되었다.

미니게임의 이점은 뭔가를 장려하고자 할 때도 사용할 수 있다는 것이다.[31] CNC(수치로 제어하는 컴퓨터) 절단기 제조업체인 숍보트툴스ShopBot Tools는 소셜미디어에서 주목을 받기 위해 미니게임을 고안했다. 참가자들은 '#Hippies'라는 해시태그를 달고 콘텐츠를 게시할 때마다 브라우니 3개를, 재게시할 때마다 브라우니 하나를 받았다. 그리고 팀 전체를 합쳐 30일 만에 브라우니 100개를 모으면 실제 브라우니 파티를 열었다. 60일에 300개를 모으면 홀치기염색 티셔츠를 받았고, 90일에 600개를 모으면 스케이트 파티를 벌였다. 대부분의 직원이 시간제 근로자여서 소셜미디어 계정이 없거나 사용법을 모르는 바람에 "계정은 어떻게 만드나요? 어떻게 계정을 사용하나요? 게시나 재게시는 어떻게 하나요? 등등"의 질문이 쏟아졌다고 숍보트의 자문인 앤-클레어 브로턴Anne-Claire Broughton은 회상한다. 게임에서 이기기 위해 수많은 사람이 도움을 청하고 베풀었으며, 결국 모든 임무를 완수한 팀이 상 3개를 모두 받았다.

도움을 청하는 것이 숍보트 미니게임의 주된 목적은 아니었다. 하지만 부탁하지 않았으면 이기기가 무척 힘들었을 것이다. 이는 모든 미니게임에 똑같이 적용된다. 미니게임은 팀이 문제의 원인을 찾거나 기회를 활용하기 위한 최상의 방법을 구하는 수단이다. 그 과정에서 참가자들은 팀원들은 물론이고 경계 너머로 많은 도움을 요청해야만 한다. 필요한 정보, 자원, 전문지식이 팀 바깥에 있을 때도 많기 때문이다. 팀원들은 미니게임을 개념화하고 설계하고 참여하고, 이기기 위해 질문하고 부탁하고 힘을 합친다.[32]

부탁하는 일을 촉진하기 위해 노골적으로 미니게임을 설계한다면 어떤 모양이 될까? 당연히 모든 미니게임과 똑같이 규칙을 익히고, 가르치고, 점수를 매기고, 성과를 나누는 설계 방식을 따를 것이다(미니게임의 상세한 설계 지침은 부록을 참고하라). 예를 들어 목표가 자선 모금을 독려하는 것―그 자체가 부탁을 수없이 해야 하는 일이다―이라고 치자. 팀에게는 정해진 기한까지 정해진 금액을 모금해야 한다는 도전 과제가 주어질 것이고, 팀이 목표를 충족하거나 초과하면 축하나 파티 등의 보상이 주어질 것이다.

또 다른 접근법은 협업 기술 플랫폼 중 하나(6장 참조)를 미니게임의 수단으로 사용하는 것이다. 이런 플랫폼에는 측정 지표가 내장돼 있어서 점수를 매기기가 쉽다. 기비타스의 경우 각 참가자가 부탁과 베풂을 얼마나 실천했는지, 그리고 그 수를 전부 합치면 얼마인지와 같은 측정 지표를 개인 및 그룹에 제공한다. 예를 들어 팀이 서로 협력하며 조언, 아이디어, 지원, 정보, 기타 자원을 부탁해야 하는 복잡한 프로젝트를 진행 중이라고 가정해보라. 미니게임에서 "누구 X에 대한 정보 가진 사람 몰라요?", "메모를 빨리 검토해야 하는데, 누가 나 좀 도와줄래요?", "브레인스토밍이 필요한데 15분 후에 나랑 잠깐 회의할 사람?"과 같은 부탁의 수를 전부 합쳐서 그룹별 측정 지표로 삼을 수 있다. 그런 뒤 점수에 따라 팀에 축하 인사나 상금을 주는 것이다. 이때 여느 미니게임과 마찬가지로 참여하는 사람이 직접 게임을 설계해야 한다. 리더는 뒤로 빠지는 조건으로 말이다. 자신이 직접 만들어야 응원하는 마음이 생긴다. 직원들에게 기회를 주면 진짜 창의적인 작품이 탄생하게 될 것이다.

위대한 비즈니스 게임

1980년대 초반, 미주리주 스프링필드에 있는 스프링필드 리매뉴팩처링Springfield Remanufacturing Corporation이 파산 위기에 처했다. 최고경영자 잭 스택Jack Stack은 파산 직전에 처한 회사를 살릴 묘책을 찾지 못했다. 그러다 비즈니스도 규칙, 점수, 성과 공유가 있다는 점에서 스포츠 게임—심각한 게임이긴 하지만—과 비슷하다고 생각했다. 위기를 극복하려면 모두가 비즈니스 게임의 법칙을 이해해야 했다. 즉 직원도 경영자와 똑같이 경영과 재정 상황을 알아야 하고 성과를 추적함으로써 각자 주인처럼 생각하고 행동해야 했다. 이를 위해 회사는 전 직원에게 경영 및 회계 자료를 공개했으며, 실적을 거둔 만큼 모두에게 수익을 나누어주었다. 이런 접근법은 결국 회사를 구했고, 잭은 이 아이디어를 '위대한 비즈니스 게임'이라는 이름의 혁신적 관행으로 구축했다.[33] 오늘날 이 회사는 《포브스》 선정 미국 25대 중소기업 중 하나인 SRC홀딩스로 거듭나 연간 6억 달러의 수익을 거두고 있다. 또한 1만 개 이상의 기업들이 스프링필드 리매뉴팩처링의 경영 기법을 채택해 다양한 형태로 이용하고 있다.

나는 스프링필드 리매뉴팩처링을 방문해 시스템이 어떻게 돌아가는지 직접 보았다. SRC일렉트리컬에서 나는 100명이 넘는 노동자들이 주간 즉석 회의를 진행하는 장면을 목격했다. 근로자들의 손에는 저마다 재정 및 운영 서류철과 계산기가 들려 있었다. 사무실 벽은 SRC일렉트리컬의 대차대조표, 손익계산서, 수익 배분제 등이 적힌 커다란 화이트보드로 뒤덮여 있었다. 화이트보드에 적힌 숫자들은 전부 이번 주에 업데이트된 최신 버전이었다. 근로자들은 회사의 재정이나 운영 상태가 어떤지 정확히 알았고, 무엇보다도 다들 공동의 목표를 이루기 위한 과정을 추적할 수 있었다. 회의를 주도하는 건 관리자와 근로자들이었다. 그들은 수치를 검토하다가 예상과 차이가 나면 서로를 탓하기보다 어째서 부족분이 발생했는지, 어떻게 하면 바로잡을 수 있는지 토론했다. 그리고 이런 정보들을 바탕으로 매주 업무를 개선할 수 있었다. 게다가 회사의 목표와 개인적 성과가 일치한 덕에 도움을 청하고 베풀려는 의욕이 대단했다.

스프링필드 리매뉴팩처링은 직원들이 일을 잘하면 고용 안정을 보장하는 수준에서 급여와 월급을 보전해준다.[34] 잭은 말한다. "하지만 직원들이 일을 기대 이상으로 잘하거나 실적을 개선할 방법을 찾아내면 보너스를 지급해 그들이 추가로 거둔 수익을 함께 나눕니다. 실적이 좋으면 보너스도 더 많이 받는 거죠."[35] (수익 배분제가 어떻게 작동하는지에 대해 더 알고 싶으면 부록을 참고하라.)

수익 배분 프로그램은 경쟁보다 협력을 장려하고, 도움을 청하고 베푸는 행위를 승리의 핵심 요소로 삼으면서 기업을 팀 스포츠로 만든다. "이 프로그램은 직원들이 전부 같은 목표를 바라보도록 독려합니다"라고 잭은 말한다.[36] "한 부서가 어려움을 겪으면, 다른 부서가 지원군을 보내지요. 그리고 모두가 그 이유를 이해합니다. 심지어 부탁할 필요가 없을 때도 있습니다. 자발적으로 서로를 돕거든요. 때론 큰 불편함을 감수하고서까지 말이죠. 이 프로그램 덕분에 우리가 목표를 이루기 위해 서로에게 얼마나 의존하는지 깨달았기 때문입니다. 함께 승리하지 못하면 다 같이 실패하는 거죠."

인정과 보상은 일터에서 동기를 부여하는 강력한 요인이다. 따라서 적절히만 사용하면 앞 장에서 설명한 도구와 실천법의 효과를 배가시킨다. 진심 어린 맞춤식 칭찬과 인정을 통해 도움을 청한 사람에게 감사를 표하는 것은 부탁−베풂−받음의 선순환에 필수적인 요소다. 다수의 비공식적 관행과 공식적 인정 프로그램을 이용할 수 있으며, 구체적인 요구에 맞게 조정할 수도 있다. 보상 체계와 미니게임 또한 부탁하고 돕는 행동을 독려할 수 있다. 보상을 공유하도록 설계되어 있기만 하다면 말이다.

1. 나는 어떤 방식으로 인정받고 싶은가? 주변 사람들은 어떻게 인정 받고 싶어 하는가?

2. 우리 회사에서는 도움을 청하면 인정과 보상을 받는가? 아니면 비난받고 처벌받는가?

3. 기회를 봐서 사람들에게 부탁해줘서 고맙다고 말하라. 일대일로, 또는 팀이나 그룹에서, 또는 앞 장에서 설명한 도구와 관행을 사용한 후에도 괜찮다.

4. 효과적으로 부탁을 하거나 너그럽게 도움을 베푸는 사람들을 관찰하고 기록하는 습관을 들여라. 도움을 청하거나 베푼 것에 대해 칭찬하고 싶을 때 그 메모를 참고하라.

5. 직장에 공식적인 인정 프로그램이 있으면 그것을 이용해 도움을 청한 사람들과 그들이 청한 부탁에 감사를 표하라.

6. 팀이나 조직에 협업, 부탁, 베풂을 독려할 수 있도록 사람들에게 미니게임을 만들자고 제안하고 함께 작업하라.

7. 관리자나 리더라면 부탁도 하나의 업무 역량으로 삼고 도움을 청한 직원에게 보상하라.

8. 수익 배분 프로그램을 사용해서 도움을 청하고 베풀고 받은 것에 대한 보상을 나누어라.

----

1. 징거맨 미니게임

사업 목표 : 고객사의 불만 사항을 수집하고 해결함으로써 서비스를 개선한다.

규칙 : 게임은 11월 20일부터 1월 31일까지 10주간 수행한다. 1단계에서는 12개의 협력사를 대상으로 초록색 코드(칭찬)와 빨간색 코드(불만)를 수집한다. 각 협력사에서 적어도 초록색 코드 1개와 빨간색 코드 1개를 수집하여 제출해야 한다. 2단계에서는 1단계에서 제출한 초록색 코드와 빨간색 코드를 바탕으로 시스템 절차 다섯 가지를 개선한다. 개선 내용은 잡지 기사로 실릴 만한 가치가 있어야 한다(《워킹Workin'》 2월호에 결과 발표 기사가 실린다). 3단계에서는 2단계의 개선 사항에 10가지 개선 사항을 추가한다. 개선 내용은 2단계와 마찬가지로 공개할 만한 가치가 있어야 한다.

측정/평가 : 제출된 초록색 코드/빨간색 코드를 검토하고 개선 결과를 평가한다.

보상 방식 : 개인의 성과가 아니라 팀이 성취한 결과를 토대로 보상을 한다. 전체는 하나를 위해, 하나는 전체를 위해. 다 같이 살거나, 아니면 다 같이 죽거나!

보상: 1단계를 통과하면 20달러짜리 징거맨 상품권을 받을 수 있다. 2단계를 통과하면 75달러(징거맨 상품권 또는 월급 형태 중 하나를 선택)를 받을 수 있다. 3단계를 통과하면 150달러(징거맨 상품권 또는 월급 형태 중 하나를 선택)를 받을 수 있다. 최대 상금은 총 150달러다. 2단계에 도달하면 20달러는 건너뛰고 75달러를 받게 된다. 3단계에 도달하면 20달러와 75달러는 건너뛰고 150달러를 받게 된다.

2. 아틀라스 홀세일 푸드 컴퍼니 미니게임

게임 목표: 90일 동안 집품 오류를 30개 미만으로 줄이거나 5일 연속 무오류를 세 번 달성한다.

사업 목표: 기사가 배송을 정확히 할 수 있도록 집품 업무를 완벽하게 처리해 전반적인 고객 만족도를 높인다.

기한: 90일.

참가자: 모든 집품 담당자와 창고 직원들.

규칙: 모든 주문건에 대해 100퍼센트 정확하게 집품하고 라벨을 붙인다. 라벨이 잘못 붙은 제품이나 배송 차량에서 누락된 제품이 하루 종일 하나도 없어야 '오류 없음'으로 간주한다. 오류 판단은 관리자의 몫이 된다. 집품 오류가 생길 때마다 게임 목숨이 하나씩 줄어든다. 종료 30일 전까지 게임 목숨이 최소한 하나는 남아 있어야 한다. 또는 5일 연속 무오류가 세 번은 있어야 한다.

점수 집계: 하루 종일 집품/창고 오류가 발생하지 않으면 경영본부의 화이트보드에 기재된다. 또한 게임 목숨판(30장의 종이 차트)도 마련한다. 오류가 한 번 생길 때마다 종이를 한 장씩 떼어버린다.

회의: 결과, 절차 개선, 아이디어는 매일 공유한다. 모든 오류는 경영본부에 게시하고 검토한다.

보상: 전동공구 세트나 잠금장치가 있는 고급 공구상자 중에 선택할 수 있다.

3. 미니게임 설계를 위한 가이드라인

미니게임은 소액의 장려금을 이용해 문제를 해결하거나 기회를 포착하도록 돕는 데 유용하다. 짧고 재미있는 방법을 통해 문제를 개선하고자 하는 동기를 부여한다. 미니게임에는 세 가지 규칙이 필요하다. 첫째, 모두가 게임의 규칙을 숙지해야 한다. 둘째, 점수를 공개한다. 셋째, 성과를 공유한다. 다음의 세 가지 질문에 따라 미니게임을 정교하게 만들어보자.

⑴ 우리 조직이 해결해야 하는 핵심 문제는 무엇인가
● 관심 사안을 선택하라.
● 목표 판매량은 얼마인가?
● 넓게가 아니라 좁게 생각하라.

- 동인動서이 적은 측정 지표를 선택하라.
- 게임에 참여하는 사람은 누구인가?
- 게임 참여 시간은 얼마인가?
- 게임의 실행 가능성을 어떻게 확인할 것인가?
- 점수 계산 및 종료의 규칙을 세워라.
- 동기를 꺾는 요인은 없는가?
- 예상치 못한 결과가 나왔는가?

⑵ 점수를 어떻게 매길 것인가

- 무엇을 점수화하는가?
- 누가 점수를 매길 것인가?
- 점수판은 어떻게 구성할 것인가?

⑶ 성공을 어떻게 측정할 것인가

- 조직에 어떤 혜택이 돌아오는가?
- 누가 무엇을 받을지 어떻게 계산할 것인가?
- 현금으로 보상할 것인가?
- 상징적인 보상물이나 축하 인사로 대신할 것인가?
- 동기를 부여하고 기억에 남을 만한 보상인가?

자료: Greatgame.com, ZingTrain.com

4. 아틀라스 홀세일 푸드 컴퍼니의 수익 배분 계산법

최고경영자 존 콜은 일명 '위대한 비즈니스 게임The Great Game of Business' 으로 알려진 수익 배분 모델을 도입했다. 연간으로 보너스를 주는 대신 보너스가 발생할 경우 분기마다 산정해서 지급하는 방식이다. 이렇게 하면 직원들이 일찍 성과를 내고 그 성과를 지속하고자 하는 동기를 갖게 된다. 게다가 그들의 업무 성과와 수입이 연동된다.

1분기에 보너스를 받지 못하더라도 미지급 보너스가 다음 분기로 이월되기 때문에 보너스를 받을 기회가 아직 있다. 처음 세 번 보너스 기회를 놓쳤다고 하더라도 연말에 만회할 수 있는 것이다. 이렇게 하

표 9 **분기별 보너스 산정 방법**

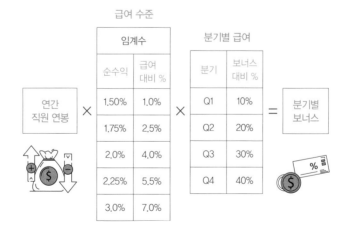

연간 직원 연봉	×	임계수		×	분기별 급여		=	분기별 보너스
		순수익	급여 대비 %		분기	보너스 대비 %		
		1.50%	1.0%		Q1	10%		
		1.75%	2.5%		Q2	20%		
		2.0%	4.0%		Q3	30%		
		2.25%	5.5%		Q4	40%		
		3.0%	7.0%					

면 직원들에게 동기도 부여하고 1년 내내 업무에 적극적으로 참여하도록 자극할 수 있다. 더 자세한 내용을 알고 싶으면 잭 스택과 보 버링햄이 함께 쓴 책《드림 컴퍼니》를 참고하라.

감사의 말

이 책을 쓰면서 많은 사람들에게 도움을 청했다.

이 프로젝트는 아이디어와 사례들을 시험 삼아 끼적거렸던 짧은 원고에서 시작했는데, 마이클 아레나, 셰릴 베이커, 래리 프리드, 커트 리거, 크리스 화이트에게 원고를 살펴봐달라고 부탁했었다. 초고를 읽고 유용한 논평과 제안을 해준 그들에게 감사드린다. 그들의 도움으로 집필을 시작하는 데 힘을 얻었다.

저작권 에이전시를 찾아야 할 때는 나의 동료이자 사업 파트너인 애덤 그랜트에게 추천을 부탁했다. 그가 나를 러바인 그린버그 로스탄 저작권 에이전시의 짐 러바인과 연결시켜주었다. 완벽한 추천이었다. 그를 소개해준 애덤에게 감사드린다. 짐과 나는 만나자마자 죽이 척척 맞았다. 짐의 리더십 철학은 이 책의 메시지와도 일치한다(이 책에서 그의 지혜를 일부 보게 될 것이다). 이 책을 믿음으로 지지해주고 출판 과정 안팎으로 현명하게 안내해준 그에게도 감사드린다.

이상적인 에이전트는 이상적인 출판사로 이어지는데, 짐이 내게 커런시/펭귄 랜덤하우스를 연결해준 것을 보면 내가 바로 그런 경우다. 커런시가 나와 이 책에 베풀어준 크나큰 지원에 감사드린다. 특히 처음부터 끝까지 나와 함께 일했던 탁월한 편집자 탈리아 크론에게 감사를 표한다. 그 덕에 나 혼자서는 성취하지 못했을 수준까지 이 책을 끌어올릴 수 있었다. 능숙하게 카피를 뽑아준 팸 파인스타인에게도 감사한다. 전문지식을 발휘하고 헌신적으로 도와준 티나 컨스터블, 캠벨 와튼, 안드레아 드워드, 스티븐 보리악, 니콜 맥아들, 닉 스튜어트, 에린 리틀을 포함한 커런시 팀 모두에게 감사드린다.

이상해 보일지 모르겠지만 우리 회사 기브앤테이크에 속한 기비타스 협업 기술 플랫폼에도 감사드린다. 이 책의 주제를 잘 보여주는 예시와 모범 사례를 얻기 위해 다양한 기비타스 커뮤니티에 수없이 도움을 요청했다. 기비타스를 개발하고 사업을 구축하기 위해 힘쓴 기브앤테이크 팀 전체, 세라 앨런-쇼트, 셰릴 베이커, 케이티 베넷, 래리 프리드, 데이브 얀센, 갈 캣츠, 크리스티 리, 니키 마턴, 앰버 바라칼리, 매트 웨너에게도 감사드린다.

긍정조직센터의 직원, 학생, 교수진에도 즐거운 마음으로 감사드린다. 우리 직원들, 앤지 셀리, 벳시 어윈, 제이컵 파인버그, 에스더 카이트, 에밀리 피닉스, 스테이시 스키메카, 케이티 트레바단은 우리가 가르치는 원칙대로 매일 살아간다. 오랜 세월 동안 긍정조직센터의 주축인 동료 교수들로부터 끊임없이 배울 수 있어서 감사하다: 킴 캐머런, 제인 더튼, 마리 키라, 셜리 코펠만, 줄리아 리, 데이브 메이어, 밥 퀸, 그레첸 스프리처, 에이미 영. 학생들은 너무 많아서 이름을 일일이 나열할 수 없지만, 긍정적인 리더가 되기 위해 노력 중인 그들 모두에게 감사한다.

전문적인 연구 지원과 도서관 후원이라는 혜택도 받았다. 우리 프로그램의 박사과정 지원자인 세라 고든에게 감사한다. 그녀는 인터넷과 자신의 인맥을 샅샅이 뒤져서 내게 새로운 예시와 사례들을 찾아주었다. 박사과정 지원자인 힐러리 헨드릭스는 나를 도와 3장의 '부탁하기/베풀기 측정 평가지'를 개발했고, 로스 경영대학원의 선임 연구 컨설턴트 겸 연구 책임자인 릴리언 첸은 기술적 전문지식을 제공해주었다. 크레스지 도서관 서비스 책임자인 코리 시먼은 내가 자료를 복사할 수 있도록 도와주었다. 이 감사 인사에 운영 담당자인 캐런 펠프스와 제닌 아마디와 정보 담당자 쇼본 피어슨도 추가하고 싶다. 끝없이 이어지는 나의 긴급한 부탁에도 신속하고 기분 좋게 답변해준 사람들이다.

언제나 그렇듯, 로스 경영대학원과 미시간대학의 제도적·재정적 지원에도 감사드린다.

이 책을 쓰는 즐거움 중 하나는 전·현직 동료들 및 학생들과 연락하고 그들로부터 배울 기회뿐 아니라, 연구와 집필 과정에서 새로운 사람들을 만날 기회가 무수히 주어졌다는 것이다. 아이디어, 통찰, 사례, 그리고 다양한 자료들을 제공해준 그들에게 감사한다. 로런 아퀴스타, 아치 아드바류, 체리 알렉산더, 세라 앨런-

쇼트, 제닌 아마디, 랜디 앨퍼트, 케빈 에임스, 라브 아난단, 수전 애시포드, 해리슨 베이커, 에리카 뱅크, 린 바틀릿, 매기 베이리스, 짐 베스트, 케빈 블루, 앤-클레어 브로턴, 린지 캐머런, 톰 캐프럴, 폴라 캐프로니, 댄 카울리, 롭 크로스, 제리 데이비스, 캐스린 데 카스, 제프 디그라프, 제인 더튼, 에이미 에드먼드슨, 대니얼 아이젠버그, 벳시 어윈, 조 퍼스틀, 메건 핀리, 대니 팽크하우저, 데이브 그라지언, 레슬리 그레이, 페르난다 그레고리오, 테드 홀, 스콧 핸턴, 알렉시스 하셀버거, 메리 베스 하이네, 왈리 호프, 헤더 커리어 헌트, 크리스티나 켈러, 프레드 켈러, 메건 키젤, 김지혜, 존 콜, 셜리 코펠만, 권미정, 줄리아 리, 쉰 러바인, 키란 차우드리 렌즈, 짐 말로지, 론 메이, 데이브 메이어, 론 마우러, 쿠수마 모푸리, 애비 머리, 마와 무스타파, 프라브조트 나누아, 톰 페이더, 앨리사 파치어스, 댄 랜타, 앤드루 라드반스키, 브라이언 로드리케즈, 데이브 스콜튼, 돈 섹스턴, 리치 셰리든, 데이브 셔먼, 리치 스몰링, 살바도르 살로트-폰스, 펠리시아 솔로몬, 그레첸 스프리처, 로라 손데이, 앤드루 스타킹, 노엘 티치, 존 트롭먼, 라이언 퀸, 숀 퀸, 호세 우리베, 맷 반 노트윅, 몰리 웹, 아리 웨인즈웨이그, 채드 웰디, 크리스 화이트, 토니 와이드라.

나는 항상 가장 중요한 감사의 말은 마지막을 위해 남겨둔다. 이 프로젝트를 늘 지지해주고 이 주제에 지혜를 보태준 나의 아내 셰릴에게 감사를 보낸다. 이 책의 출간과 결혼 30주년이 시기적으로 겹쳤다. 함께한 세월이 얼마나 즐거웠는지 그 수십 년이 홀쩍 지나갔다. 이보다 더 훌륭한 인생의 동반자는 구할 수 없을 것이다. 약 20년 전 아들 해리슨이 태어나며 우리의 기도가 이루어졌다. 눈에 넣어도 아프지 않을 만큼 더없이 소중하고 자랑스러운 녀석이다. 녀석의 친절하고 너그러운 영혼이 우리의 삶에 매일 기쁨을 가져다준다. 세릴과 해리슨과 함께하는 삶은 그만한 가치가 있다.

주

1장

1. 제시카와 그녀의 이야기는 실화다. 하지만 그녀의 부탁으로 실명을 밝히지 않았다.

2. 비슷한 맥락에서 불안은 사람들에게 조언을 구하고 취하도록 동기를 부여한다. 이는 프란체스카 지노Francesca Gino, 앨리슨 우드 브룩스Alison Wood Brooks, 마우리스 E. 슈바이처Maurice E. Schweitzer가 *Journal of Personality and Social Psychology* 102, no. 3 (2012): 497 – 512에서 기록한 바에서도 찾을 수 있다. 또한 연구에 따르면 불안한 사람은 좋은 충고와 나쁜 충고를 분별하는 데 어려움을 겪거나, 이해가 상충하는 조언자와 그렇지 않은 조언자를 가려내지 못한다.

3. 다음에서 논의하는 연구를 참고하라. Adam Grant, "Givers Take All: The Hidden Dimension of Corporate Culture," *McKinsey Quarterly* (April 2013). 2018년 5월 22일에 다음 사이트에 접속했다. https://www.mckinsey.com/business-functions/organization/our-insights/givers-take-all-the-hidden-dimension-of-corporate-culture. 또한 다음 책을 참고하라. Adam Grant, *Give and Take: Why Helping Others Drives Our Success* (NY: Viking, 2013), 243.

4. Christopher G. Myers, "Is Your Company Encouraging Employees to Share What They Know?," *Harvard Business Review* (website) (November 6, 2015). 내 생각에 이 기사가 언급한 수치는 정보 및 기타 자원을 구하지 않는 비용을 총체적으로 과소평가한 것이다.

5. 이 이야기를 공유할 수 있도록 너그러이 허락해주신 크리스티나의 가족에게 감

사드린다.

6. Francis J. Flynn, "How Much Should I Give and How Often? The Effects of Generosity and Frequency of Favor Exchange on Social Status and Productivity," *The Academy of Management Journal* 46, no. 5 (2003): 539 - 53. 겔러와 뱀버거는 도움을 구하는 사람이 '자율적 논리'(유능하고 독립적이 되기 위해 도움을 구하는 것)를 강하게 지지하거나 '의존적 논리'(눈앞에 닥친 문제를 해결하기 위해 도움을 구하는 것)를 약하게 지지하는 경우, 도움을 구하는 행위가 개인의 성과를 향상시킨다는 사실을 발견했다. The Moderating Effect of Help Seekers' Logics of Action," *Journal of Applied Psychology* 97, no. 2 (2012): 487 - 97.

7. E. W. Morrison, "Newcomer Information Seeking: Exploring Types, Modes, Sources, and Outcomes," *Academy of Management Journal*, 36, no. 3 (1993): 557 - 89; Tayla N. Bauer, *Onboarding New Employees: Maximizing Success* (Alexandria, VA: SHRM Foundation, 2010).

8. William P. Bridges and Wayne J. Villemez, "Informal Hiring and Income in the Labor Market," *American Sociological Review* 51 (1986): 574 - 82; Roberto M. Fernandez and Nancy Weinberg, "Sifting and Sorting: Personal Contacts and Hiring in a Retail Bank," *American Sociological Review* 62 (1997): 883 - 902; Ted Moux, "Social Capital and Finding a Job: Do Contacts Matter?," *American Sociological Review* 68 (2003): 868 - 98; Mark S. Granovetter, *Getting a Job*, revised edition (Chicago: University of Chicago Press, 1995); Laura K. Gee, Jason Jones, and Moira Burke, "Social Networks and Labor Markets: How Strong Ties Relate to Job Finding on Facebook's Social Network," *Journal of Labor Economics* 35, no. 2 (April 2017): 485 - 518.

9. 소개와 구직 엔진의 차이를 비교하고 싶으면 다음을 참고하라. "Sources of Hire

2017" by SilkRoad. https://www.silkroad.com/.

10. S. P. Borgatti and R. Cross, "A Relational View of Information Seeking and Learning in Social Networks," *Management Science* 49, no. 4 (2003): 432 – 45; Susan J. Ashford, Ruth Blatt, and Don Vande Walle, "Reflections on the Looking Glass: A Review of Research on Feedback-Seeking Behavior in Organizations," *Journal of Management* 29, no. 6 (2003): 773 – 99. 물론 도움을 구하는 것은 학생들에게 꼭 필요한 일이다. 다음을 참고하라. A. Ryan and P. R. Pintrich, "Achievement and Social Motivation Influences on Help Seeking in the Classroom" in S. A. Karabenick (ed.), *Strategic Help Seeking: Implications for Learning and Teaching* (Mahwah, NJ: Lawrence Erlbaum Associates, 1998), 117 – 39.

11. Susan J. Ashford and D. Scott DeRue, "Developing as a Leader: The Power of Mindful Engagement," *Organizational Dynamics* 41 (2012):145 – 54.

12. 다음 책의 사례들을 참고하라. Wayne Baker, *Networking Smart* (NY: McGraw-Hill, 1994), 130 – 31.

13. Michael J. Arena, *Adaptive Space: How GM and Other Companies Are Positively Disrupting Themselves and Transforming into Agile Organizations* (NY: McGraw-Hill, 2018). 다음도 참고하라. David Obstfeld, *Getting New Things Done: Networks, Brokerage, and the Assembly of Innovative Action* (Stanford, CA: Stanford University Press, 2017).

14. Jill E. Perry-Smith and Pier Vittorio Mannucci, "From Creativity to Innovation: The Social Network Drivers of the Four Phases of the Idea Journey," *Academy of Management Review* 42, no. 1 (2017): 53 – 79; Teresa Amabile, Colin M. Fisher, and Julianna Pillemer, "IDEO's Culture of Helping," *Harvard Business Review* (January – February 2014). https://hbr.org/2014/01/

ideos-culture-of-helping 그리고 R. S. Burt, "Structural Holes and Good Ideas," *American Journal of Sociology*, 110 (2004): 349-99; D. Obstfeld, "Social Networks, the Tertius Iungens Orientation, and Involvement in Innovation," *Administrative Science Quarterly* 50, no. 1 (2005): 100-30.

15. "Eight of Ten Americans Afflicted by Stress," *Gallup Well-Being*. (December 20, 2017) http://news.gallup.com/poll/224336/eight-americans-afflicted-stress.aspx. "U.S. Workers Least Happy with Their Work Stress and Pay," *Gallup Economy*. (November 12, 2012) http://news.gallup.com/poll/158723/workers-least-happy-work-stress-pay.aspx..

16. B. Owens, W. E. Baker, D. Sumpter, and K. Cameron, "Relational Energy at Work: Implications for Job Engagement and Job Performance," *Journal of Applied Psychology* 101, no. 1 (2016): 35-49; J. Schauebroeck and L. Fink, "Facilitating and Inhibiting Effects of Job Control and Social Support on Stress Outcomes and Role Behavior: A Contingency Model," *Journal of Organizational Behavior* 19 (1998), 167-95; Ashley V. Whillans, Elizabeth W. Dunn, Paul Smeets, Rene Bekkers, and Michael I. Norton, "Buying Time Promotes Happiness," *Proceedings of the National Academy of Sciences* (July 2017), accessed online on April 11, 2018, at https://www.pnas.org/content/114/32/8523.

17. Peter A. Bamberger, "Employee Help-Seeking," *Research in Personnel and Human Resources Management* 28 (2009), 80; T. Amabile, C. Fisher, and J. Pillemer, "IDEO's Culture of Helping," *Harvard Business Review* 92, nos. 1 and 2 (January-February 2014), 54-61. 네트워크를 통해 자원을 얻을 때의 이점은 사회적 자본에 관한 방대한 문헌들에 상세히 기록돼 있다. 다음을 참고하라. P. S. Adler and S. Kwon, "Social Capital: Prospects for a New Concept,"

Academy of Management Review 27:17-4 (2002); Wayne Baker, *Achieving Success Through Social Capital* (San Francisco, CA: Jossey-Bass, 2000); R. Burt and D. Ronchi, "Teaching Executives to See Social Capital: Results from a Field Experiment," *Social Science Research* 36, no. 3 (2007): 1156-83; R. Cross and A. Parker, *The Hidden Power of Social Networks: Understanding How Work Really Gets Done in Organizations* (Boston, MA: Harvard Business School Press, 2004); M. Kilduff and W. Tsai, *Networks and Organizations* (London: Sage Publications, 2003); R. D. Putnam, *Bowling Alone: The Collapse and Revival of American Community* (NY: Simon & Schuster, 2000); Mark C. Bolino, William H. Turnley, and James M. Bloodgood, "Citizenship Behavior and the Creation of Social Capital in Organizations," *The Academy of Management Review* 27, no. 4 (2002): 505-22.

18. Deborah Ancona and Henrik Bresman, *X-Teams* (Boston, MA: Harvard Business School Press, 2007).

19. Mark Attridge, *The Value of Employee Assistance Programs* (Norfolk, VA: EASNA, 2015) http:// www.easna.org에 2017년 6월 7일에 접속했다. 이 프로그램 사용자의 80퍼센트가 자체 추천, 즉 자발적으로 도움을 구하는 사람들이다.

20. Li-Yun Sun, Samuel Aryee, and Kenneth S. Law, "High-Performance Human Resource Practices, Citizenship Behavior, and Organizational Performance: A Relational Perspective Source," *The Academy of Management Journal* 50, no. 3 (2007): 558-77.

21. S. J. Ashford, N. Wellman, M. Sully de Luque, K. De Stobbeleir, and M. Wollan M, "Two Roads to Effectiveness: CEO Feedback Seeking, Vision Articulation, and Firm Performance," *J Organ Behav.* 39 (2018): 82-95.

22. "Breakthrough Performance in the New Work Environment," the Corporate

Executive Board Company (2012).

23. Rich Sheridan, *Joy, Inc.* (NY: Portfolio/Penguin, 2013); S. M. Walz and B. P. Niehoff, "Organizational Citizenship Behaviors and Their Effect on Organizational Effectiveness in Limited Menu Restaurants," Best Paper Proceedings, Academy of Management conference (1996), 307 – 11.

2장

1. Garret Keizer, *Help: The Original Human Dilemma* (NY: Harper Collins, 2004).

2. F. J. Flynn and V. Lake, "If You Need Help, Just Ask: Under- estimating Compliance with Direct Requests for Help," *Journal of Personality and Social Psychology* 95 (2008):128 –43.

3. 정확한 수치는 다음과 같다(자세한 사항은 플린Flynn과 레이크Lake의 글을 참고하라). 낯선 사람에게 설문을 부탁하기에 앞서 참가자들은 설문지 5개를 받으려면 평균 20.5명에게 요청해야 할 것이라고 예측했다. 하지만 5개를 받는 데 10.5명밖에 걸리지 않았다. 휴대전화를 빌리는 실험에서는 세 번 성공하는 데 평균 10.1명이 걸릴 거라고 예측했지만 실제로는 6.2명밖에 걸리지 않았다. 목적지까지 데려다달라고 요청하는 실험에서는 성공하기까지 평균 7.2명이 걸릴 거라고 예측했지만 실제로는 2.3명밖에 걸리지 않았다.

4. 갤럽의 2016년 글로벌 시민 참여 보고서다. 2018년 4월 3일에 다음 사이트에 접속했다. http://news.gallup.com/reports/195581/global-civic-engagement-report-2016.aspx?g_source=link_NEWSV9&g_medium=TOPIC&g_campaign=item_&g_content=2016%2520Global%2520Civic%2520Engagement%2520Report.

5. Simeon Floyd, Giovanni Rossi, Julija Baranova, Joe Blythe, Mark Dingemanse,

Kobin H. Kendrick, Jörg Zinken, and N. J. Enfield, "Universals and Cultural Diversity in the Expression of Gratitude," *Royal Society Open Society*, published 23 May 2018 on‑ line, accessed on September 8, 2018, at http://rsos. royalsocietypublishing.org/content/5/5/180391. 이 연구 자료는 지역 공동체와 가정에서 비공식적으로 실시한 시청각 자료에서 찾은 것이다. 기관에서 공식적으로 요청-대응 상호작용을 연구한 것이 아니다.

6. 위키피디아에서 벤저민 프랭클린 효과Benjamin Franklin Effect를 검색해서 참고하라. 2018년 4월 24일에 다음 사이트에 접속했다. https://en.wikipedia.org/wiki/Ben_Franklin_effect#cite_note-2.

7. Project Gutenberg's *Autobiography of Benjamin Franklin* by Benjamin Franklin, accessed on April 24, 2018, at https://www.gutenberg.org/files/20203/20203–h/20203–h.htm.

8. Yu Niiya, "Does a Favor Request Increase Liking Toward the Requester?," *Journal of Social Psychology* 156 (2016): 211–21.

9. F. J. Flynn, D. Newark, and V. Bohns, "Once Bitten, Twice Shy: The Effect of a Past Refusal on Future Compliance," *Social Psychological and Personality Science* 5, no. 2 (2013): 218–25.

10. 다음을 참고하라. Mark Granovetter, "The Strength of Weak Ties: A Network Theory Revisited," *Sociological Theory* 1: 201–233 (1983). 저자가 1973년에 이 주제로 중요 논문을 발표한 후 실증적 연구를 실시하여 이 논문을 발표했다.

11. Daniel Z. Levin, Jorge Walter, and J. Keith Murnighan, "Dormant Ties: The Value of Reconnecting," *Organization Science* 22, no. 4 (2011): 923–39. 후속 연구에서 연구팀은 임원들이 약한 휴면 관계보다 강한 휴면 관계에 다시 연락을 취하는 걸 선호하는 것과 달리 약한 휴면 관계가 훨씬 가치 있다는 사실을 발견했다. 약한 휴면 관계가 강한 휴면 관계보다 훨씬 새로운 정보를 제공

하기 때문이다. 다음을 참고하라. Jorge Walter, Daniel Z. Levin, and J. Keith Murnighan, "Reconnection Choices: Selecting the Most Valuable (vs. Most Preferred) Dormant Ties," *Organization Science* 26, no. 5 (2015): 1447 – 65.

12. 나는 전국적으로 실시한 이 네 가지 조사 결과를 다음 책에 보고했다. Wayne Baker, *United America: The Surprising Truth About American Values, American Identity and the 10 Beliefs That a Large Majority of Americans Hold Dear* (Canton, MI: ReadTheSpirit Books, 2014). 이 책에서 적고 있듯이, "미국인들이 이 진술에 얼마나 강하게 동의하는지는 놀랄 정도다. 고졸(혹은 그 이하) 미국인들은 대학 또는 대학원을 졸업한 미국인들만큼 이 진술에 동의하는 경우가 많다. 수입 차이는 중요하지 않다. 출신 지역이 다른 것도 상관없다. 인종이나 종교 역시 중요하지 않다. '너 자신을 믿어라'라는 지혜는 심지어 진보와 보수 모두 동의하는 신념이다."

13. A. W. Brooks, F. Gino, and M. E. Schweitzer, "Smart People Ask for (My) Advice: Seeking Advice Boosts Perceptions of Competence," *Management Science* 61, no. 6 (June 2015): 1421 – 35.

14. Jill E. Perry-Smith and Pier Vittorio Mannucci, "From Creativity to Innovation: The Social Network Drivers of the Four Phases of the Idea Journey," *Academy of Management Review* 42 (January 2017): 53 – 79..

15. 예를 들어, 다음 논문에서 검토한 연구를 참고하라. Justin Hunt and Daniel Eisenberg, "Mental Health Problems and Help-Seeking Behavior Among College Students," *Journal of Adolescent Health* 45 (2010): 3 – 10.

16. Terry Gaspard, "How Being Too Self-Reliant Can Destroy Your Relationship," *Huffington Post*, January 3, 2015, accessed on January 7, 2017, at https://www.huffpost.com/entry/how-self-reliance-can-destroy-a-relationship_b_6071906.html.

17. Fiona Lee, "The Social Costs of Seeking Help," *Journal of Applied Behavioral Science* 38, no. 1 (March 2002):17–35. See also G. S. Van der Vegt, J. S. Bunderson, and A. Oosterhof, "Expertness Diversity and Interpersonal Helping in Teams," *Academy of Management Journal* 49, no. 5 (2006): 877–93.

18. Brooks, Gino, and Schweitzer, "Smart People Ask for (My) Advice."

19. Ashleigh Shelby Rosette and Jennifer Mueller, "Are Male Leaders Penalized for Seeking Help? The Influence of Gender and Asking Behaviors on Competence Perceptions," *The Leadership Quarterly* 26 (2015): 749–62.

20. D. Miller, L. Karakowsky, "Gender Influences as an Impediment to Knowledge Sharing: When Men and Women Fail to Seek Peer Feedback," *J. Psychol.* 139, no. 2 (2005):101–18.

21. S. E. Taylor, D. K. Sherman, H. S. Kim, J. Jarcho, K. Takagi, and M. S. Dunagan, "Culture and Social Support: Who Seeks It and Why?," *Journal of Personality and Social Psychology* 87 (2004): 354. S. E. Taylor, W. T. Welch, H. S. Kim, and D. K. Sherman, "Cultural Differences in the Impact of Social Support on Psychological and Biological Stress Responses," *Psychological Science* 18 (2007): 831–37. H. S. Kim, D. K. Sherman, and S. E. Taylor, "Culture and Social Support," *American Psychologist* 63 (2008): 518. 피드백 요청에 대한 문화적 차이를 요약한 글은 다음을 참고하라. Susann J. Ashford, Katleeen De Stobberleir, and Mrudula Nujella, "To Seek or Not to Seek: Recent Developments in Feedback-Seeing Literature." *Annual Review of Organizational Psychology and Organizational Behavior* 3 (2016): 213–39, see esp. p. 225.

22. Ibid.

23. Bamberger, "Employee Help-Seeking" Dvora Geller and Peter A. Bamberger,

"The Impact of Help Seeking on Individual Task Performance: The Moderating Effect of Help Seekers' Logics of Action," *Journal of Applied Psychology* 97, no. 2 (2012): 487–97.

24. Arie Nadler, "Relationships, Esteem and Achievement Perspectives on Autonomous and Dependent Help Seeking," in Stuart A. Karabenick (ed.), *Strategic Help Seeking: Implications for Knowledge Acquisition* (New Jersey: Erlbaum Publishing Co., 1998), 51–93; Bamberger, "Employee Help-Seeking."

25. Nadler, "Relationships, Esteem and Achievement Perspectives on Autonomous and Dependent Help Seeking," 63–64.

26. Nadler, "Relationships, Esteem and Achievement Perspectives on Autonomous and Dependent Help Seeking," 64.

27. Amy Edmondson, "Psychological Safety and Learning Behavior in Work Teams," *Administrative Science Quarterly* 44, no. 2 (1999): 350–83. See also Amy Edmondson, *Teaming: How Organizations Learn, Innovate, and Compete in the Knowledge Economy* (San Francisco, CA: Jossey-Bass, 2012); Amy Edmondson, *The Fearless Organization: Creating Psychological Safety in the Workplace for Learning, Innovation, and Growth* (Hoboken, NJ: John Wiley & Sons, 2019).

28. 사람들은 도움을 구할 때 믿을 만하다는 생각이 들지 않으면 전문가에게 도움을 요청하지 않는다. 사례는 다음을 참고하라. David A. Hofmann, Zhike Lei, and Adam M. Grant, "Seeking Help in the Shadow of Doubt: The Sensemaking Processes Underlying How Nurses Decide Whom to Ask for Advice," *Journal of Applied Psychology* 94, no. 5 (2009): 1261–70.

29. Amy C. Edmondson, "The Competitive Imperative of Learning," *Harvard Business Review* (July–August, 2008).

30. Julia Rozovsky, "The Five Keys to a Successful Google Team," The Watercooler Blog, November 17, 2015, accessed on January 13, 2017, at https://rework. withgoogle.com/blog/five-keys-to-a-successful-google-team/.

31. 2018년 11월 20일, 캐스린 데카스와 이메일을 주고받았다. 또한 다음을 참고 하라. Kathryn H. Dekas, Talya N. Bauer, Brian Welle, Jennifer Kurkoski, and Stacy Sullivan, "Organizational Citizenship Behavior, Version 2.0: A Review and Qualitative Investigation of OCBs for Knowledge Workers at Google and Beyond," *The Academy of Management Perspective* 27 (2013): 219 – 37.

32. Richard Sheridan, *Joy, Inc.: How We Built a Workplace People Love* (NY: Portfolio/Penguin (2013): 94.

33. Cassandra Chambers and Wayne E. Baker, "Robust Systems of Cooperation in the Presence of Rankings," *Organization Science* (in press).

34. 다음 책에서 이 사례를 처음 사용했다. Wayne Baker, "5 Ways to Get Better at Asking for Help," *Harvard Business Review*, December 18, 2014 [digital article], accessed on January 4, 2017, at https://hbr.org/2014/12/5-ways-to-get-better-at-asking-for-help.

35. Wayne E. Baker and Nathaniel Bulkley, "Paying It Forward vs. Rewarding Reputation: Mechanisms of Generalized Reciprocity," *Organization Science* 25, no. 5 (2014): 1493 – 1510.

36. Adam Grant, *Give and Take* (NY: Viking, 2013), 5.

37. 이 원리는 역사가 길다. 빅토리아 시대의 철학자 겸 심리학자 윌리엄 제임 스William James의 말처럼, "성공하고 싶으면 성공한 사람처럼 행동해야 한다." 리처드 와이즈먼Richard Wiseman은 이 원리를 자신의 책《가정의 원리The As If Principle》(NY: Simon & Schuster, 2012)의 정수로 삼았다. 슈크의 피라미드 모 델(이 책의 2장)은 슈크가 인정하듯이 에드거 H. 쉐인Edgar H. Schein의 문화 변

화 모델과 상당히 비슷하다. 다음을 참고하라. Shein's *Organizational Culture and Leadership*, 4th edition (San Francisco, CA : John Wiley & Sons, 2010).

38. John Shook, "How to Change a Culture," *MIT Sloan Management Review* 51 (2010) : 66. Reproduced with permission. Copyright ⓒ 2010 from MIT Sloan Management Review/Massachusetts Institute of Technology. All rights reserved. Distributed by Tribune Content Agency, LLC.

3장

1. Andrew Jacobs, "Celebrity Chefs Turn Wasted Olympic Food into Meals for Homeless," *New York Times* (August 14, 2016). To learn more, visit the nonprofit's website, https://gastromotiva.org/.

2. 보투라에 대해 더 읽고 싶으면 다음을 참고하라. Francesca Gino, *Rebel Talent : Why It Pays to Break the Rules at Work and in Life* (NY : Dey St., an imprint of William Morrow, 2018).

3. "Living the Generous Life : Reflections on Giving and Receiving," edited by Wayne Muller and Megan Scribner. A Project of The Fetzer Institute (n.d.), accessed on March 4, 2017, at https://fetzer.org/sites/default/files/images/resources/attachment/2012-07-12/generous_life.pdf

4. Julie Ray, "Billions Worldwide Help Others in Need," Gallup (September 20, 2016). Gallup conducted its survey in 2015 in 140 countries, accessed March 5, 2017, at http://www.gallup.com/poll/195659/billions-worldwide-help-others-need.aspx?utm_source=alert&utm_medium=email&utm_content=morelink&utm_campaign=syndication.

5. Jenifer J. Partch and Richard T. Kinnier, "Values and Messages Conveyed in College Commencement Speeches," *Current Psychology* 30, no. 1 (2011) : 81 –

92.

6. "Living the Generous Life," 8.

7. Adam Grant, *Give and Take* (NY: Viking, 2013), 158. 디팍 초프라Deepak Chopra 역시 '주고받음의 법칙'을 성공을 위한 일곱 가지 영적 법칙 중 하나로 여긴다.

8. Grant, *Give and Take*, 5.

9. Wayne Baker, *Achieving Success Through Social Capital* (San Francisco, CA: Jossey-Bass, 2000), 139.

10. Adam M. Grant and Reb Rebele, "Beat Generosity Burnout," *Harvard Business Review* (February 1, 2017) [digital article], accessed on March 4, 2017, at https://hbr.org/generosity.

11. James Andreoni, "Impure Altruism and Donations to Public Goods: A Theory of Warm-Glow Giving," *Economic Journal* 100, no. 401 (1990): 464-77. 베풂으로 인한 온광 효과는 타고나는 것일지도 모른다. 2세 이하의 어린아이들에게서도 온광 효과가 나타난다는 기록이 있는 것을 보면 말이다. 다음을 참고하라. Lara B. Aknin, J. Kiley Hamlin, and Elizabeth W. Dunn, "Giving Leads to Happiness in Young Children," *PLOS One*, June 14, 2012, accessed on March 9, 2017, at http://journals.plos.org/plosone/article?id=10.1371/journal.pone.0039211.

12. Francis J. Flynn, "How Much Should I Give and How Often? The Effects of Generosity and Frequency of Favor Exchange on Social Status and Productivity," *The Academy of Management Journal* 46, no. 5 (2003): 539-53. See also "The Gift Relationship," Economist [London, England] April 10, 2004: 59. The Economist Historical Archive, 1843-2013, accessed on March 1, 2017, at http://www.economist.com/node/2582734.

13. Christian Smith and Hillary Davidson, *The Paradox of Generosity* (NY: Oxford University Press, 2014), 94.

14. Christina S. Melvin, "Professional Compassion Fatigue: What Is the True Cost of Nurses Caring for the Dying?," *International Journal of Palliative Nursing* 18, no. 12 (2012): 606–11. See also Sherry E. Showalter, "Compassion Fatigue: What Is It? Why Does It Matter? Recognizing the Symptoms, Acknowledging the Impact, Developing the Tools to Prevent Compassion Fatigue, and Strengthen the Professional Already Suffering from the Effects," *American Journal of Hospice and Palliative Medicine* 27, no. 4 (2010): 239–42; Laura McCray, Peter F. Cronholm, Hillary R. Bogner, Joseph J. Gallo, and Richard A. Neill, "Resident Physician Burnout: Is There Hope?," *Family Medicine* 40, no. 9 (2008): 626–32; Nadine Najjar, Louranne W. Davis, Kathleen Beck-Coon, and Caroline Carney Doebbeling, "Compassion Fatigue: A Review of the Research to Date and Relevance to Cancer-Care Providers," *Journal of Health Psychology* 14, no. 2 (2009): 267–77. .

15. Wayne E. Baker and Nathaniel Bulkley, "Paying It Forward vs. Rewarding Reputation: Mechanisms of Generalized Reciprocity," *Organization Science* 25, no. 5 (2014):1493–1510.

16. Wayne E. Baker and Sheen S. Levine, "Mechanisms of Generalized Exchange," October 1, 2013. Available at SSRN: https://ssrn.com/abstract=1352101 or http://dx.doi.org/10.2139/ssrn.1352101.

17. *Grant, Give and Take*, 244.

18. Flynn, "How Much Should I Give and How Often?"

19. 연구를 보면 사회적 자본과 개인, 팀, 조직, 심지어 국가의 성과가 관련이 있다는 것을 분명히 알 수 있다(1장의 각주를 참고하라.)

20. 앨러미다카운티의 주민을 대상으로 실시한 건강 관련 습관과 그 결과에 대한 장기적 연구가 가장 유명하다. 사회적 고립과 사망 위험의 연관성을 밝힌 초기 연구에 대해 알고 싶으면 다음을 참고하라. L. F. Berkman and S. L. Syme, "Social Networks, Host Resistance, and Mortality: A Nine-Year Follow-Up Study of Alameda County Residents," *American Journal of Epidemiology* 109, no. 2 (1979): 186–204. 조사 결과를 요약한 글은 다음에서 읽을 수 있다. Jeff Housman and Steve Dorman, "The Alameda County Study: A Systematic, Chronological Review," *American Journal of Health Education* 26, no. 5 (2005): 302–8. 148건의 연구에 대한 메타분석 검토로 인해 사회적 네트워크와 사망 위험의 연관성이 더더욱 분명해졌다. Julianne Holt-Lunstad, Timothy B. Smith, and J. Bradley Layton, "Social Relationshps and Mortality Risk: A Meta-Analytic Review," *PLOS Medicine* (July 27, 2010), accessed on March 12, 2017, at http://journals.plos.org/plosmedicine/article?id=10.1371/journal.pmed.1000316.

21. Carla M. Perissinotto, Irena Stijacic Cenzer, and Kenneth E. Covinsky, "Loneliness in Older Persons: A Predictor of Functional Decline and Death," *JAMA Internal Medicine* 172, no. 14 (2012):1078–84.

22. John T. Cacioppo and Stephanie Cacioppo, "Social Relationships and Health: The Toxic Effects of Perceived Social Isolation," *Social and Personality Psychology Compass* 8, no. 2 (2014): 58.

23. Flynn, "How Much Should I Give and How Often?"

24. Teresa Amabile, Colin M. Fisher, and Julianna Pillemer, "IDEO's Culture of Helping," *Harvard Business Review*, January–February 2014, accessed January 9, 2017, at https://hbr.org/2014/01/ideos-culture-of-helping.

4장

1. Interview on March 15, 2019, and "Miss Kim's Kicks Off in Kerrytown," Zingerman's Newsletter, Issue 257, Jan – Feb 2017: 3 – 4. 일부 자료는 명확성을 위해 편집하고 간결성을 위해 축약했다. 일부 자료는 김지혜와의 개인적인 인터 뷰 및 이메일을 바탕으로 한다.

2. 이 이야기는 실화다. 하지만 익명성을 보호하기 위해 본인 확인이 가능한 세부 사항은 생략했다.

3. 가령 다음과 같은 책이 있다. Sonja Lyubomirsky, *The How of Happiness: A New Approach to Getting the Life You Want* (NY: Penguin, 2007).

4. Lyubomirsky, *The How of Happiness*, 205 – 26.

5. Ibid.

6. 이 이야기는 실화다. 하지만 익명을 보호하기 위해 이름을 바꾸었다.

7. 2019년 3월 9일과 10일에 이메일을 주고받았다.

8. 이 예시 중 몇 개는 다음 책에서 가져온 것이다. Wayne E. Baker and Nathaniel Bulkley, "Paying It Forward vs. Rewarding Reputation: Mechanisms of Generalized Reciprocity," *Organization Science* 25, no. 5 (2014): 1493 – 1510.

9. Lawrence L. Lippitt, *Preferred Futuring: Envision the Future You Want and Unleash the Energy to Get There* (San Francisco, CA: Berrett-Koehler, 1998).

10. 이를테면 다음을 참고하라. Ari Weinzweig, *The Power of Beliefs in Business*, *Zingerman's Guide to Good Leading, Part 4* (Ann Arbor, MI: Zingerman's Press, 2016), 416.

11. G. T. Doran, "There's a S.M.A.R.T. Way to Write Management's Goals and Objectives," *Management Review*, AMA Forum 70, no. 11: 35 – 36.

12. Simon Sinek, *Start With Why: How Great Leaders Inspire Everyone to Take Action* (NY: Portfolio/Penguin, 2009).

13. Rob Cross, Andrew Parker, Laurence Prusak, and Stephen P. Borgatti, "Knowing What We Know: Supporting Knowledge Creation and Sharing in Social Networks," *Organizational Dynamics* 30, no. 2 (2001):100‒20.

14. 은행 업무 환경에서의 사례를 보고 싶으면 다음을 참고하라. Mark S. Mizruchi and Linda B. Stearns, "Getting Deals Done: The Use of Social Networks in Bank Decision‒Making," *American Sociological Review* 66, no. 5 (2001): 647‒71.

15. Sheen S. Levine and Michael J. Prietula, "How Knowledge Transfer Impacts Performance: A Multi‒Level Model of Benefits and Liabilities," *Organization Science*, 23, no. 6 (2012), 1748‒66. Sheen S. Levine, "The Strength of Performative Ties: Three Essays on Knowledge, Social Networks, and Exchange," January 1, 2005. *Dissertations available from ProQuest*, http://repository.upenn.edu/dissertations/AAI3197702.

16. Levine, "The Strength of Performative Ties."

17. Levine and Prietula, "How Knowledge Transfer Impacts Performance," and Levine, "The Strength of Performative Ties."

18. Daniel Z. Levin, Jorge Walter, and J. Keith Murnighan, "Dormant Ties: The Value of Reconnecting," *Organization Science* 22, no. 4 (2011): 923‒39. 다음을 참고하라. Jorge Walter, Daniel Z. Levin, and J. Keith Murnighan, "Reconnection Choices: Selecting the Most Valuable (vs. Most Preferred) Dormant Ties," *Organization Science* 26, no. 5 (2015): 1447‒65.

19. 2017년 5월 19일에 제프 디그라프와 개인적으로 나눈 대화다. 이노바트리움Innovatrium에 대해 더 알고 싶으면 다음 홈페이지에 접속하라. http://www.innovatrium.org.

20. 2018년 4월 17일에 제프 디그라프와 개인적으로 나눈 대화다.

21. Vanessa K. Bohns, "A Face-to-Face Request Is 34 Times More Successful than an Email," *Harvard Business Review* [digital version], April 11, 2017, accessed on May 15, 2017, at https://hbr.org/2017/04/a-face-to-face-request-is-34-times-more-successful-than-an-email. 다음 연구를 기반으로 한 것이다. M. Mahdi Roghanizad and Vanessa K. Bohns, "Ask in Person: You're Less Persuasive Than You Think Over Email," *Journal of Experimental Psychology* 69 (March 2017): 223–26. 하지만 이 연구는 지인이나 과거에 알던 사람이 아니라 낯선 사람에게 부탁한 경우에 근거함을 유의하라. 그럼에도 이 연구는 사람들이 이메일을 통해 부탁했을 때 얻는 효과를 과대평가하는 경향이 있음을 잘 보여준다.

22. Jia Jiang, *Rejection Proof: How I Beat Fear and Became Invincible* (NY: Harmony, 2015).

23. 지아는 이러한 교훈을 챕터 말미에, 11장에, 그리고 자신의 책 부록에서 요약하고 있다.

24. Jiang, *Rejection Proof*, 94–95.

25. 지아는 《해리 포터와 마법사의 돌》을 비롯해 다수의 베스트셀러 책들이 거절당한 비율에 대해 밝히고 있다. 89-90.

5장

1. Deborah Ancona and Henrik Bresman, *X-Teams: How to Build Teams that Lead, Innovate, and Succeed* (Boston, MA: Harvard Business School Press, 2007). 특히 160~177쪽을 참고하라.

2. Ancona and Bresman, *X-Teams*, 167.

3. Amy C. Edmondson, *Teaming* (San Francisco, CA: Jossey-Bass, 2012); Ancona and Bresman, *X-Teams*.

4. Ashford and DeRue, "Developing as a Leader," and Scott D. DeRue and Susan J. Asford, "Who Will Lead and Who Will Follow? A Social Process of Leadership Identity Construction in Organizations," *Academy of Management Review* 35 (2010): 627–47.

5. Ancona and Bresman, *X-Teams*, 168.

6. 다음 사이트에서 사우스웨스트항공 자료표를 참고하라. https://www.swamedia. com/pages/corporate-fact-sheet.

7. 사우스웨스트항공의 웹사이트에 따르면, 2016년의 경우 이력서가 34만 2664통 접수됐으며, 그중 7207명을 신규 직원으로 채용했다(같은 사이트).

8. Julie Weber, "How Southwest Airlines Hires Such Dedicated People," *Harvard Business Review* [digital version], accessed on January 9, 2018, https://hbr. org/2015/12/how-southwest-airlines-hires-such-dedicated-people.

9. Weber, "How Southwest Airlines Hires Such Dedicated People."

10. Ingrid M. Nembhard and Amy C. Edmondson, "Making It Safe: The Effects of Leader Inclusiveness and Professional Status on Psychological Safety and Improvement Efforts in Health Care Teams," *Journal of Organizational Behavior*, 27 (2006): 941–66.

11. Ibid.

12. Amy Edmondson, "Psychological Safety and Learning Behavior in Work Teams," *Administrative Science Quarterly* 44:350–83 (1999).

13. 이 이야기는 실화다. 주인공을 보호하기 위해 본명을 바꾸고 신원이 드러나는 세부적 사항은 살짝 변형했다.

14. Julia Rozovsky, "The Five Keys to a Successful Google Team," The Watercooler Blog, November 17, 2015, accessed on January 13, 2017, at https://rework. withgoogle.com/blog/five-keys-to-a-successful-google-team/.

15. Gary Klein, "Performing a Project Premortem," *Harvard Business Review*, September 2007, accessed on December 3, 2018, at https://hbr.org/2007/09/performing-a-project-premortem.

16. Teresa Amabile, Collin M. Fisher, and Julianna Pillemer, "IDEO's Culture of Helping," *Harvard Business Review*, January–February issue (2014). 이 부분은 헤더 커리어 헌트와의 개인적인 인터뷰 및 이메일을 바탕으로 한 것이다.

17. 2017년 5월 9일에 사적으로 나눈 대화다.

18. 2018년 10월 31일에 사적으로 나눈 대화다.

19. Edmondson, "The Competitive Imperative of Learning."

20. 2018년 12월 6일에 사적으로 대화를 나눈 뒤 후속으로 이메일을 주고받았다.

21. 다음에서 인용한 것이다. John Eades, "7 Leadership Lessons from the CEO of a Multibillion-Dollar Company," *Inc.* (April 3, 2017). https://www.inc.com/john-eades/7-leadership-lessons-from-the-ceo-of-a-multi-billion-dollar-company.html.

22. 2019년 3월 25일에 크리스티나 켈러Christina Keller 및 프레드 켈러Fred Keller와 이메일을 주고받았다.

23. Joel Podolny, "Interview with John Clendenin" [video]. (Stanford, CA : Stanford Business School, 1992).

24. Ryan W. Quinn and J. Stuart Bunderson, "Could We Huddle on This Project? Participant Learning in Newsroom Conversations," *Journal of Management* 42 (2016): 386–418.

25. Amabile, Fisher, and Pillemer, "IDEO's Culture of Helping."

26. Dan Radigan, "Stand-ups for Agile Teams" (n.d.), accessed on April 23, 2018, at https://www.atlassian.com/agile/scrum/standups.

27. 2018년 4월 24일에 사적으로 나눈 대화다.

28. Michael A. Orzen and Thomas A. Paider, *The Lean IT Field Guide: A Roadmap for Your Transformation* (Boca Raton, FL: CRC Press/Taylor & Francis Group, 2016), 48.

29. Adam Grant, *Give and Take* (NY: Viking, 2013), 241.

30. Ashley E. Hardin, "Getting Acquainted: How Knowing About Colleague's Personal Lives Impacts Workplace Interactions, for Better and Worse," doctoral dissertation, University of Michigan Ross School of Business (2017).

31. "Hack Your Happiness: How Doing Favors for Others Can Make You Happier," *Good Morning America*, December 26, 2018, accessed on March 26, 2019, at https://www.goodmorningamerica.com/wellness/video/hack-happiness-favors-make-happier-60016878.

32. Henri Lipmanowicz and Keith McCandless, *The Surprising Power of Liberating Structures: Simple Rules to Unleash a Culture of Innovation* (Seattle, Washington: Liberating Structures Press, 2013). 이 책에서 저자들은 여러 무리의 사람들이 새롭고 생산적인 방식으로 상호작용하고 함께 일할 수 있는 서른세 가지 검증된 실천법을 대략적으로 설명한다. 이런 "해방적 구조"는 의료, 학계, 군대, 컨설팅 기업, 글로벌 기업 등 모든 분야의 다양한 조직들에서 구현되어왔다. '해방적 구조Liberating Structures' 웹사이트의 인터넷 주소는 www.liberatingstructures.com이다. 앱스토어에서 '해방적 구조' 어플을 내려받을 수도 있다.

33. Source: DoSomething.org website, accessed on January 31, 2018, at https://www.dosomething.org/us/about/who-we-are.

34. 두썸싱(DoSomething.org)은 미시간대 로스 경영대학원의 긍정적 사업 관행 Positive Business Practice 대회에서 최종 후보까지 올랐다. 이 실천법은 그들이 다음 사이트에 제공한 영상을 통해 자세히 확인할 수 있다. http://positive

businessproject.com/past-winners/.

35. 2018년 12월 20일, 2019년 3월 25일, 론 메이Ron May와 사적으로 나눈 대화
다. 론은 현재 은퇴한 뒤 긍정조직센터에서 사내 창업 임원으로서 자신의 시간
과 지혜를 나눠주고 있다. 론이 사용한 카타kata 접근법에 대해 더 많은 정보를
얻고 싶으면 다음을 참고하라. Mike Rother, *Toyota Kata: Managing People for
Improvement, Adaptiveness, and Superior Results* (NY: McGraw-Hill, 2010).

36. 2017년 6월 13일에 케빈 블루Kevin Blue와 사적으로 나눈 대화다.

37. Nembhard and Edmondson, "Making it Safe."

6장

1. 이 책에 실을 새로운 사례를 찾고 있을 때 내 요청에 응해준 데이브 스콜튼에게
감사드린다. 회사 이야기를 쓸 수 있도록 허락해준 켄트파워에도 감사하다.

2. 데이브 스콜튼은 이 미니게임을 다른 의뢰인들에게도 사용했다. 결과는 모두 긍
정적이었다.

3. Gardner, *Smart Collaboration: How Professionals and Their Firms Succeed by
Breaking Down Silos* (Boston, MA: *Harvard Business Review* Press, 2017)
20-41. 또한 다음을 참고하라. Sheen S. Levine and Michael J. Prietula,
"How Knowledge Transfer Impacts Performance," *Organization Science*, 23,
no. 6 (2012), 1748-66, and Sheen S. Levine, "The Strength of Performative
Ties: Three Essays on Knowledge, Social Networks, and Exchange" (January
1, 2005). Dissertations available from ProQuest. Paper AAI3197702. http://
repository.upenn.edu/dissertations/AAI3197702.

4. 2019년 1월 7일부터 9일까지 이메일을 주고받았다.

5. Deborah Ancona and Henrick Bresman, *X-Teams: How to Build Teams That
Lead, Innovate, and Succeed* (Boston, MA: Harvard Business School Press,

2007), 218-19.

6. Scott E. Page, *The Diversity Bonus* (Princeton, NJ: Princeton University Press, 2017).

7. Page, *The Diversity Bonus*, 2.

8. 한 장소에 위치한다는 사실도 협업을 촉진했다. GM의 신생 파워트레인 퍼포먼스 및 레이싱센터Powertrain Performance and Racing Center는 생산 장치 운영 담당 엔지니어들과 레이싱 프로그램 담당 엔지니어들을 같은 장소에 배치하고 있다. 이런 장소 공유 및 물리적 근접성은 아이디어, 지식, 정보, 조언의 지속적인 교환을 촉진한다. 다음을 참고하라. James M. Amend, "New GM Powertrain Facility to Speed Engine Tech Transfer," *WardsAuto* (Feb 2, 2016), accessed on February 9, 2018, at http://wardsauto.com/engines/new-gm-powertrain-facility-speed-engine-tech-transfer.

9. 2019년 3월 29일에 이메일을 주고받았다.

10. 다음 책에 설명돼 있다. Michael J. Arena, *Adaptive Space: How GM and Other Companies Are Positively Disrupting Themselves and Transforming into Agile Organizations* (NY: McGraw-Hill, 2018).

11. Arena, *Adaptive Space*, 125-26.

12. 실제 사례다. 하지만 비밀을 지키기 위해 이름을 바꾸고 신원 확인이 가능한 정보들을 없앴다.

13. Emily Moore, "7 Companies with Amazing Office Rotation Options," *Glassdoor*, November 28, 2017, accessed at https://www.glassdoor.com/blog/companies-with-office-rotation-options/.

14. Jaime Ortega, "Job Rotation as a Learning Mechanism," *Management Science* 47, no. 10 (2001): 1361-70..

15. 2018년 1월 11일에 인터뷰를 실시한 뒤 2019년 2월 25일에 이메일을 주고받

았다.

16. 2019년 2월 13일에 이메일을 주고받았다.

17. 2019년 2월 5일에 전화 인터뷰를 실시했다.

18. 2019년 2월 6일에 다음 사이트에 접속했다. https://www.ypo.org/about-ypo/.

19. 2019년 2월 7일에 이메일을 주고받았다.

20. 2018년 2월 12일에 다음 사이트에 접속했다. http://innovateblue.umich.edu/research/innovate-brew/.

21. 같은 사이트.

22. 2019년 1월 28일에 인터뷰를 실시했다.

23. 2019년 2월 11일에 인터뷰를 실시한 뒤 2019년 4월 29일에 이메일을 주고받았다.

24. 2019년 1월 기준으로, 다음 사이트를 통해 'Statista: The Statistics Portal'에 접속했다. https://www.statista.com/statistics/258749/most-popular-global-mobile-messenger-apps/.

25. 2019년 1월 28일에 인터뷰를 실시했다.

26. 2019년 2월 15일에 이메일을 주고받았다.

27. Veronica Gilrane, "Working Together When We're Not Together," Working at Google blog, April 4, 2019. Accessed on June 9, 2019 at https://blog.google/inside-google/working-google/working-together-when-were-not-together/.

28. Paul Leonardi and Tsedal Neeley, "What Managers Need to Know About Social Tools," *Harvard Business Review*, November-December issue (2017).

29. P. M. Leonardi, "Ambient Awareness and Knowledge Acquisition: Using Social Media to Learn 'Who Knows What' and 'Who Knows Whom,'" *MIS Quarterly* 39 (2015): 747-76.

30. 네트워크 다이어그램을 제공해준 나의 동료 호세 우리베Jose Uribe에게 감사하다.

31. Gardner, *Smart Collaboration*, 175 – 83.

32. Gardner, *Smart Collaboration*, 181 – 82.

33. Dan Ranta, "The Power of Connections at ConocoPhillips," *Slideshare*. 2018년 2월 14일에 다음 사이트에 접속했다. https://www.slideshare.net/SIKM/dan-ranta-power-of-connections-at-conocophillips. 또한 다음을 참고하라. P. Gray and D. Ranta, "Networks of Excellence," in R. Cross, R. J. Thomas, J. Singer, S. Colella, and Y. Silverstone (eds), *The Organizational Network Fieldbook* (San Francisco, CA: Jossey-Bass, 2010).

34. 2018년 2월 28일에 스카이프로 인터뷰를 실시했다.

35. Charles Steinfield, Joan M. DiMicco, Nicole B. Ellison, and Cliff Lampe, "Bowling Online: Social Networking and Social Capital with the Organization," proceedings of the fourth international conference on Communities and Technologies (2009), 246.

36. Joan DiMicco, David R. Millen, Werner Geyer, Casey Dugan, Beth Brownholtz, and Michael Muller, "Motivations for Social Networking at Work," conference paper, *ACM* (2008), 716.

37. Jennifer Thom, David Millen, and Joan DiMicco, "Removing Gamification from an Enterprise SNS," *Proceedings of the ACM 2012 Conference on Computer Supported Cooperative Work* (NY: ACM, 2012).

38. 다음 논문에 분석이 실려 있다. Thom, Millen, and DiMicco, "Removing Gamification."

39. Cliff Lampe, Rick Wash, Alcides Velasquez, and Elif Ozkaya, "Motivations to Participate in Online Communities," proceedings of the SIGCHI conference of human factors in competing system, ACM (2010), 1927 – 36.

40. Jacob C. Fisher, Jonathon Cummings, and Yong-Mi Kim, "Abandoning

Innovations: Network Evidence on Enterprise Collaboration Software," 미발표
원고.

41. Gardner, *Smart Collaboration*, 175.

7장

1. "Gallup's 2017 State of the American Workplace," accessed at https://www.
gallup.com/workplace/238085/state-american-workplace-report-2017.aspx.
또한 다음을 참고하라. "The ROI of Recognition in Building a More Human
Workplace," Globoforce Workplace Research Institute. http://go.globoforce.
com/rs/862-JIQ-698/images/ROIofRecognition.pdf. 그리고 다음을 참고하라.
L. Anik, L. B. Aknin, M. I. Norton, E. W. Dunn, and J. Quoidbach, "Prosocial
Bonuses Increase Employee Satisfaction and Team Performance," *PLOS ONE* 8,
no. 9 (2013): e75509. https://doi.org/10.1371/journal.pone.0075509.

2. 같은 사이트.

3. "The ROI of Recognition in Building a More Human Workplace," Globoforce.

4. 이 이야기는 갤럽의 다음 기사에서 가져온 것이다. Jennifer Robison, "In Praise
of Praising Your Employees," Gallup website, November 90, 2006, accessed at
https://www.gallup.com/workplace/236951/praise-praising-employees.aspx. 이
이야기를 쓸 때 기사 속 자료를 표현을 바꾸어서 인용했다. 그래니트의 수익과
데이비드 그라지언의 직책에 대한 정보도 업데이트했다.

5. 또한 2019년 5월 13일에 데이비드 그라지언을 인터뷰했다. 그는 현재 은퇴한 뒤
유스나우Youth NOW를 설립해 회장직을 맡고 있다.

6. Tómas Bjarnason, "Social Recognition and Employees' Organizational Support,"
Göteborg Studies in Sociology No. 27 (2009). Department of Sociology,
Göoteborg University.

7. 2019년 1월 13일에 인터뷰를 실시했다. 더불어 다음도 참고하라. David Sturt, Todd Nordstrom, Kevin Ames, and Gary Beckstrand, *Appreciate: Celebrating People, Inspiring Greatness* (Salt Lake City, UT: O.C. Tanner Institute Publishing).

8. "Having a Calling and Crafting a Job: The Case of Candice Billups." Center for Positive Organizations, University of Michigan Ross School of Business. https:// positiveorgs.bus.umich.edu/teaching-resources/teaching-cases/.

9. Christopher P. Cerasoli, Jessica M. Nicklin, and Michael T. Ford, "Intrinsic Motivation and Extrinsic Incentives Jointly Predict Performance: A 40-Year Meta-Analysis," *Psychological Bulletin*, 140 (2014): 980–1008.

10. James M. Kouzes and Barry Z. Posner, *Encouraging the Heart* (San Francisco, CA: John Wiley & Sons, Inc., 2003).

11. Ari Weinzweig, *A Lapsed Anarchists Approach to Building a Great Business: Zingerman's Guide to Good Leading Part 1* (Ann Arbor, MI: Zingerman's Press, 2010), 213.

12. Marian J. Their, *Coaching Clues* (London: Nicholas Brealey Publishing, 2003).

13. Dani Fankhauser, "The ROI of Recognition in the Workplace," Give and Take, Inc. blog post (October 4, 2018), accessed at https://giveandtakeinc.com/blog/culture/the-roi-of-recognition-in-the-workplace/.

14. 이 사례는 2019년 2월 26일 미시간대 로스 경영대학원 긍정조직센터의 선임 부이사 겸 교육책임자 벳시 어윈이 내게 이메일로 제공해준 것이다.

15. Robert A. Emmons and Michael E. McCullough, "Counting Blessings Versus Burdens: An Experimental Investigation of Gratitude and Subjective Well-Being in Daily Life," *Journal of Personality and Social Psychology* 84, no. 2 (February 2003), 377–89. 또한 다음에 실린 O. C. 태너 연구소의 연구 결과도 참고하라. David Sturt, Todd Nordstrom, Kevin Ames, and Gary Beckstrand,

Appreciate and Adam M. Grant and Francesca Gino, "A Little Thanks Goes a Long Way: Explaining Why Gratitude Expressions Motivate Prosocial Behavior," *Journal of Personality and Social Psychology* 98, no. 6 (June 2010), 946-55.

16. Laszlo Bock, *Work Rules!* (London: John Murray, 2015), 249-50.

17. Bock, *Work Rules!* 250-51.

18. Bock, *Work Rules!* 251.

19. 2018년 12월 11일에 인터뷰를 실시한 뒤 2019년 1월 10일부터 12일까지 이메일을 주고받았다.

20. "Using Recognition and Other Workplace Efforts to Engage Employees," Society for Human Resource Management and Globoforce (2018), accessed online at https://www.shrm.org/hr-today/trends-and-forecasting/research-and-surveys/Documents/SHRM-GloboforceEmployeeRecognition%202018.pdf.

21. "The ROI of Recognition in Building a More Human Workplace," Globoforce.

22. 2019년 1월 21일에 인터뷰를 실시했다.

23. 2017년에 사적으로 나눈 대화다. GTB는 이 관행으로 2015년 긍정사업프로젝트어워드Positive Business Project Award에서 우승했다. 더 많은 정보를 얻고 싶으면 다음에 접속하라. https://www.youtube.com/watch?v=j9GmcAAqRAU.

24. 실화다. 하지만 당사자의 요청으로 신원 확인이 가능한 정보는 생략했다.

25. Steven Kerr, "On the Folly of Rewarding A, While Hoping for B," *The Academy of Management Executive* 9, no. 1 (1995), 7-14.

26. 2019년 1월 28일에 전화로 인터뷰를 실시했다.

27. Marcus Buckingham and Ashley Goodall, "Reinventing Performance Management," *Harvard Business Review* (April 2015).

28. Peter Cappelli and Anna Tavis, "The Performance Management Revolution," *Harvard Business Review* (October 2015).

29. 2018년 4월 5일에 전화로 인터뷰를 실시했다.

30. 네 가지 질문은 다음과 같다. "이 사람은 오늘 승진할 준비가 되어 있는가." "이 사람은 실적이 저조할 위험은 없는가." "나는 언제나 이 사람이 우리 팀에 있기를 원하는가." "이 사람에게 최대한 보상을 주고 싶은가." 자세한 사항은 다음을 참고하라. Buckingham and Goodall, "Reinventing Performance Management."

31. https://www.greatgame.com/blog/employee-engagement/8-awesome-minigame-ideas-generated-practitioners. (2018년 2월 6일 접속)

32. 최종적으로 얻은 이익은 연간 6천만 달러의 수익을 올리는 운송 부품 제조회사가 미니게임을 했을 때 발생하는 재정적 효과처럼 천문학적일 수 있다. 그들은 동시에 38개의 미니게임을 실시했다. 그 덕분에 순수익 45만 달러 증가라는 이득을 거두었다. 추정하건대 지금까지 미니게임을 통해 얻은 순수익은 170만 달러다.

33. Jack Stack with Bo Burlingham, *The Great Game of Business, Expanded and Updated: The Only Sensible Way to Run a Company* (NY: Crown Business, 2013). The original edition was published in 1992. 초판본은 1992년에 출간됐다. '위대한 게임법Great Game methodology'은 '오픈북 경영Open Book Management'이라고도 불린다. 존 케이스John Case가 이 용어를 만들었다. 그의 저서를 참고하라. *Open-book Management: The Coming Business Revolution* (NY: HarperCollins, 1995).

34. SRC의 수익 배분제에 대해 요약한 이 글은 다음 책의 7장을 바탕으로 한다. Stack with Burlingham, *The Great Game of Business*

35. Stack with Burlingham, *The Great Game of Business*, 162.

36. Stack with Burlingham, *The Great Game of Business*, 159.

옮긴이 **박설영**

서강대학교 영어영문학과를 졸업했다. 동국대학교 영화영상학과에서 석사학위를 받았고, 박사과정을 수료했다. 출판사에서 저작권 담당자로 일했으며, 현재는 전문 번역가로 활동 중이다. 옮긴 책으로《애자일, 민첩하고 유연한 조직의 비밀》《디저트의 모험》《궁극의 탐험》《오 헨리 단편선》등이 있다.

나는 왜 도와달라는 말을 못할까

초판 1쇄 발행 2020년 11월 25일

지은이   웨인 베이커
옮긴이   박설영
발행인   김형보
편집   최윤경, 박민지, 강태영, 이환희, 최승리, 이경란
마케팅   이연실, 김사룡, 이하영
경영지원 최윤영

발행처   어크로스출판그룹(주)
출판신고 2018년 12월 20일 제 2018-000339호
주소   서울시 마포구 양화로10길 50 마이빌딩 3층
전화   070-8724-0876(편집) 070-8724-5877(영업) 팩스 | 02-6085-7676
e-mail   across@acrossbook.com

한국어판 출판권 ⓒ 어크로스출판그룹(주) 2020

ISBN 979-11-90030-71-7 03190

만든 사람들

편집 | 박민지
교정교열 | 오효순
디자인 | 디자인 [서―랍] 이유나